M.-L. VON FRANZ

DIE VISIONEN
DES NIKLAUS VON FLÜE

DAIMON
VERLAG

4. Auflage
© Copyright 1980, 1983, 1991 Daimon Verlag
Alle Rechte vorbehalten.

ISBN 3-85630-001-5

Umschlag: Joel T. Miskin

INHALTSVERZEICHNIS

Einleitung	7
Die Zeit des Niklaus von Flüe	13
Die vorgeburtlichen Gesichte und die Taufvision	16
Die Turmvision	26
Die Zeit der Depressionen und der Versuchungen	29
Die Vision von der Lilie, die vom Pferde gefressen wurde	34
Die Vision bei Liestal	41
Rückzug in den Ranft	53
Die Vision der drei Besucher	59
Die Vision vom singenden Berserker	70
Die Brunnenvision	91
Die Vision des himmlischen Quaternio	102
Die Vision des erschreckenden Gottesantlitzes	115

EINLEITUNG

Niklaus von Flüe ist unter den Heiligen der katholischen Kirche eine ganz einzigartige und ungemein originelle Erscheinung, und auch seine Visionen tragen den Stempel unkonventioneller Echtheit[1]. Man hat den Eindruck, daß sie nicht korrigiert und verändert wurden, wodurch sie natürlich von besonderem psychologischem Interesse sind. Es ist über diese Visionen schon von verschiedenster Seite geschrieben worden. Von katholischer Seite ist insbesondere das Buch von M.-B. LAVAUD, «Vie profonde de Nicolas de Flue[2]», hervorzuheben, welches einen bedeutenden Beitrag zur Erhellung seiner Visionen darstellt. LAVAUD hat alle wesentlichen Amplifikationen, die aus der Bibel und den Texten der Mystiker zur Interpretation der Gesichte beigebracht werden konnten, gesammelt und die Visionen dadurch bis in große Tiefe erklärt. Von protestantischer Seite wäre wohl besonders das kleine Buch von F. BLANKE, «Bruder Klaus von Flüe», zu erwähnen[3], das die originelle und einsam gottsuchende Persönlichkeit des Niklaus von Flüe eindrucksvoll ins Licht hebt.

---

[1] Vgl. C. G. JUNG in der Neuen Schweizer Rundschau, Neue Folge, Jg. 1, Heft 4 (August 1933): «Es ist sympathisch, daß der einzige schweizerische Mystiker von Gottes Gnaden unorthodoxe Urvisionen hatte und unbeirrten Auges in die Tiefen jener göttlichen Seele blicken durfte, welche alle, durch Dogmatik getrennten Konfessionen der Menschheit noch in *einem* symbolischen Archetypus vereinigt enthält.»

[2] Fribourg 1942. Joh. Hemlebens Deutungen der Visionen (Niklaus von Flüe, Frauenfeld, 1977) sind im Gegensatz hiezu sehr oberflächlich.

[3] Zwinglibücherei 55, Zürich 1948.

Wenn ich es trotzdem wage, eine Studie über diese Visionen vorzubringen, so tue ich es, weil mir scheint, daß die psychologischen Auffassungen Jungs, auf diese Visionen angewandt, noch weitere Tiefen und geistige Zusammenhänge erschließen könnten, die bisher nicht gesehen wurden. Jung selber hat sich in einem Aufsatz, «Bruder Klaus», in der Neuen Schweizer Rundschau und im ersten Teil seines Buches «Von den Wurzeln des Bewußtseins[4]» über einige der Visionen des Heiligen geäußert. Ich lege seine Ausführungen hier zugrunde und werde im folgenden verschiedentlich auf sie zurückkommen.

Wenn man die amplifizierende Deutungsmethode Jungs auf diese Visionen anwendet, so kann man nicht umhin, auffallende Motivverbindungen zwischen den Bildern der Visionen und der vorchristlichen und insbesondere der germanischen Vorstellungswelt wahrzunehmen, welche man jedoch um ihres spezifischen Zusammenhanges willen *nicht als noch überlebende heidnische Elemente bewerten kann*. Vielmehr deuten sie auf ein Problem hin, das mir noch heute aktuell zu sein scheint, das sich aber erst im Laufe der Arbeit wird näher erörtern lassen.

Es ist neuerdings in Psychologenkreisen öfters die Meinung geäußert worden, daß wir heutzutage wieder der Persönlichkeit des «Priester-Arztes» bedürften, d. h. eines Psychotherapeuten und Arztes, der auch religiöser Seelsorger zugleich ist. Damit ist die archetypische Gestalt des Medizinmannes und des Schamanen[5] neu belebt, d. h. die Vorstellung einer Persönlichkeit, deren heilende Wirkung durch ihre eigene Verbindung mit den «Geistern», d. h. den Mächten der unbewußten Psyche, erzeugt ist. Eine solche heilende Wirkung hat Niklaus von Flüe zweifellos in hohem Maße besessen, so wie er überhaupt eine «Mana-Persönlichkeit», d. h. ein Mensch von großer belebender Wirkung auf seine Umgebung, gewesen zu sein scheint[6].

---

[4] Zürich 1954, p. 10–18 und p. 73/74.

[5] Nach M. Eliade, «Schamanismus und archaische Ekstasetechnik», Zürich 1957, p. 14 f., ist der nordische Schamane ein Medizinmann, der aber zusätzlich zu den sonst üblichen Künsten und Kenntnissen eine bestimmte Ekstasetechnik beherrscht.

[6] Unter «Mana» versteht man in der vergleichenden Religionsgeschichte das «außerordentlich Wirkungsvolle». Über die Mana-Persönlichkeit vgl. C. G. Jung, «Die Beziehungen zwischen dem Ich und dem Unbewußten», Zürich 1935, p. 184 ff.

Die Heiligen der katholischen Kirche lassen sich bei genauerer Betrachtung in zwei Typen einteilen, nämlich in solche, die aus dem einfachen Volk erwachsen und durch den «consensus» der sie umgebenden Leute zuerst zu Heiligen erklärt wurden, was die ursprüngliche Form der Heiligen-«Wahl» überhaupt war, und solche, die von der Kirche durch offizielle Heiligsprechung zu Heiligen erhoben wurden, ein Gebrauch, der erst nach dem 10. Jahrhundert aufkam. Unter den letzteren Heiligen finden sich natürlich viele Persönlichkeiten vom ersten Typus, daneben aber auch Gelehrte und der gebildeten Schicht angehörige Menschen von geringerer populärer Berühmtheit, d. h. Menschen, welche mehr für den Bestand der Kirche als für das Volk Großes geleistet haben. Natürlich überschneiden sich die beiden Typen in vielfacher Hinsicht; doch ist Bruder Klaus zweifellos als ein rein zum ersteren Typus gehöriger Heiliger zu erkennen.

Es ist bekannt, daß die Heiligenverehrung in der Kirche ursprünglich aus der kultischen Verehrung der frühchristlichen Märtyrer hervorgegangen ist und daß bei letzteren die Verehrung natürlich jeweils erst *nach deren Tod* einsetzte und zur Bewahrung und Verehrung von deren Gräbern, Reliquien usw. führte. Auch heute ist deshalb die Heiligsprechung eines Menschen prinzipiell an die Bedingung geknüpft, daß er postmortale Wunder zu vollbringen imstande sei. Die Neigung in den Volksmassen des frühchristlichen Zeitalters, die sterblichen Reste und Gräber der für ihren Glauben getöteten Christen zu verehren, ist *aus dem vorchristlichen Heroenkult* abzuleiten, welcher bis in älteste, vermutlich sogar vorgriechische Zeit zurückreicht. Die vorchristlichen Griechen glaubten nämlich, daß der «Grabgenius» einer verstorbenen bedeutenden Persönlichkeit heilende oder das umgebende Land schützende Wirkung auszuüben vermöge und daß man von ihm durch Träume und Visionen geführt werden könne, weshalb an vielen griechischen Kultorten ein solches uraltes «Heroengrab» gezeigt wurde, auf welches die Griechen der klassischen Zeit als eine Grundlage oder Vorstufe ihres neuen Kultes hinwiesen. Epidauros z. B., die große Kultstätte des Heilgottes Asklepios, soll ursprünglich das Grab eines Heroen Maleas gewesen sein, über dem sich später der ganze kultische,

Lourdes vergleichbare Heilbetrieb des Asklepios entwickelte. In Olympia befand sich ein Heroengrab des Pelops, an welchem alle Teilnehmer der Spiele opfern mußten, und außerdem noch das «Grab eines unbekannten Heroen», welches folgenden Grundriß aufweist:

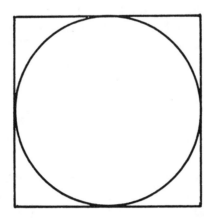

Dieser Grundriß ist ein Mandala (kultischer Kreis) und als solches ein Symbol von aufschlußreicher psychologischer Bedeutung[7]. Es handelt sich um ein Grundmotiv religiöser Bildgestaltungen, welches zu allen Zeiten und in allen Weltgegenden nachweisbar ist und die Ahnung eines Persönlichkeitszentrums veranschaulicht, welches die bewußte Persönlichkeit transzendiert. Es verdeutlicht eine Stelle im Inneren der Seele, welche alles ordnet und belebt. «Dieses Zentrum», sagt JUNG[8], «ist nicht gefühlt und gedacht als das Ich, sondern, wenn man so sagen darf, als das Selbst.» Obschon das Zentrum einerseits einen innersten Punkt darstellt, so gehört zu ihm andererseits auch eine Peripherie oder ein Umkreis, der alles in sich enthält, was zum Selbst gehört, nämlich die Gegensatzpaare, welche das Ganze der Persönlichkeit ausmachen. Erlebnisse dieser inneren Ganzheit sind häufig mit einem Gefühl der

---

[7] Vgl. prinzipiell C. G. JUNG, «Über Mandalasymbolik», in: «Gestaltungen des Unbewußten», Zürich 1950, p. 189, und die dort angegebene weitere Literatur.
[8] Vgl. l.c., p. 192.

Unsterblichwerdung verbunden, da ja dieser Kreis auch etwas Statisches und damit Unerschütterliches von ewiger Dauer darstellt[9]. Es ist ein Seinsgrund, der als das Göttliche in der eigenen Seele erfahren wird und wie ein periodisches Zielbild auftaucht, wenn ein Mensch sich um die Bewußtmachung seiner objektiven Totalität bemüht[10].

Wenn ein archaisches Heroengrab einen Mandalagrundriß aufweist, so scheint dies anzudeuten, daß der dort verehrte Tote für die ihn umgebenden Menschen das Symbol eines vollständigeren und bewußteren Menschen darstellt, der im Individuationsprozeß weiter fortgeschritten war und deshalb die Ahnung eines größeren, vollständigeren Menschseins übermittelte. Ja ein solcher Toter schien annähernd das Göttliche der menschlichen Seele verkörpert und durch Einswerdung mit dem göttlichen inneren Sinn Ewigkeit erlangt zu haben.

Der dem Gräberkult unterliegende psychologische Gedanke bestand also möglicherweise darin, daß eine bedeutende Persönlichkeit andeutungsweise eine Inkarnation des größeren inneren «göttlichen» Menschen darstelle, welch letzterer als deren Selbst *nach dem Tode, d.h. wohl nach dem Wegfall des lebenden, die größere Gestalt verdeckenden persönlichen Ich,* sichtbar wird und positive Wirkungen entfaltet. Der Neuplatoniker APULEIUS des zweiten nachchristlichen Jahrhunderts äußert sich über diese Wirkung folgendermaßen[11]: Jeder Mensch besitze einen «Daimon», der von unserem Verhalten teilweise abhänge. Wenn wir ihn pflegen, wird er nach unserem Tod zum wohlwollenden Lar (Ahnengeist), sonst hingegen zur Larva (Spuk). Gewisse Männer, wie Osiris, Aesculapius, Amphiaraos und andere, hätten ihren Daimon durch religiöse Pflege des Innenlebens zu solcher Kraftfülle entwickelt, daß sie zu allgemein verehrten Gottheiten (Numina) geworden seien.

Obgleich diese Formulierungen der griechisch-römischen Spätzeit angehören, so spiegeln sie doch einen uralten, wahrscheinlich bis in die

---

[9] Vgl. l. c., p. 194.
[10] Vgl. z. B. C.G. JUNG, «Psychologie und Alchemie», Zürich 1944, 1. Teil.
[11] «De deo Socratis», APULEI Platonici Madaurensis de Philosophia libri rec. P. THOMAS, Teubner, Leipzig 1908, p. 6 ff.

vorgriechische Zeit zurückreichenden Glauben an gewisse besonders mächtige Totengeister wider, welche in der Nähe des Grabes wohnen und eine segensvolle Wirkung auf die Lebenden ausströmen[12]. Die postmortale Mächtigkeit des Toten könnte symbolisch als die Wirkung einer das Ich überragenden seelischen Macht, eben des Selbst, verstanden werden. Menschen, welche demnach den Individuationsprozeß in stärkerem Maße erleiden und etwas bewußter als ihre jeweilige Umgebung realisieren, werden dadurch zur Imago des «Anthropos» überhaupt erhoben, und die Mandalagestalt ihrer Gräber drückt eben diese Idee einer verwirklichten seelischen Ganzheit aus.

Solche spätantike Traditionen und Anschauungen bildeten vermutlich den Nährboden des frühchristlichen Märtyrerkultes. An manchen Gräbern der Märtyrer wurde sogar Inkubation ausgeübt, wie an den griechischen Heroengräbern. Die Kirche nahm zu dieser lokalen Verehrung einzelner mächtiger Toter offiziell erst im 10. Jahrhundert Stellung und beschloß damals, das Verfahren der Heiligsprechung einzuführen sowie gewisse Voraussetzungen für diese aufzustellen, um den wild wuchernden Prozeß in die Hand zu nehmen und in geordnetere Bahnen zu lenken. Die Bedingungen für eine Heiligsprechung sind u. a. heroische Lebenseinstellung, überdurchschnittliche ethische und geistige Begabung und posthume Wunderwirkung.

Wenn ich auf den vorchristlichen Heroenkult einerseits und auf den nordischen Schamanismus andererseits in dieser Einleitung hinweise, so geschieht dies, um gewisse über das spezifisch Christliche hinausreichende allgemeinmenschliche und ursprüngliche Züge der Idee des Priester-Arztes hervorzuheben, welche Niklaus von Flüe in besonderem Maße besessen zu haben scheint, ohne daß deshalb seine Bedeutung als christlicher Mystiker, welcher er natürlich in allererster Linie war, damit verdunkeln zu wollen. Im Gegenteil: Er war meines Erachtens so sehr ein schöpferischer christlicher Mystiker, daß er eben dadurch auch eine allgemeinmenschliche, archetypische Dimension erreichte. C. G. Jung hat einmal bemerkt, daß man Bruder Klaus zum Schutzpatron der Psychotherapie ernennen sollte.

---

[12] Vgl. z. B., daß sibirische Schamanennovizen an den Gräbern verstorbener Schamanen schlafen, um Offenbarungen und Kraft zu erlangen.

DIE ZEIT DES NIKLAUS VON FLÜE

Die Lebenszeit des Niklaus von Flüe, das 15. Jahrhundert, bedeutete für die Innerschweiz eine Periode großer Krisen und Veränderungen, die uns ROBERT DURRER eindrucksvoll beschrieben hat[1]. Ich fasse seine Darstellung kurz zusammen: Durch den Abschluß des Sempacher Krieges war die Zeit der defensiven Freiheitskämpfe abgeschlossen und eine gewisse Selbständigkeit nach außen definitiv anerkannt[2]. Im Innern hatte sich das demokratische Prinzip gegen den Einfluß des Ministerialadels durchgesetzt[3]. Die Enteignung des fremden Großgrundbesitzes und die Erwerbung von Ackerbaugebieten durch die verbündeten Städte gewährleisteten die Getreidezufuhr so weitgehend, daß die Urkantone zu der ihnen angepaßteren reinen Milch- und Graswirtschaft übergehen konnten. Dafür mußten sie sich durch den Handelsverkehr einen Absatz für ihre Produkte sichern und beteiligten sich daher nach Möglichkeit an der Expansion in ennetbirgische Bereiche[4]. Dabei kam es aber zu jener wenig erfreulichen Erscheinung, daß die

---

[1] R. DURRER, «Bruder Klaus. Die ältesten Quellen über den seligen Niklaus von Flüe, sein Leben und seinen Einfluß», Sarnen 1917–1921, 2 Bände, Bd. 1, p. 3. Im folgenden ist dieses Standardwerk als D. + Seitenzahl zitiert. Vgl. auch zum Leben von Niklaus von Flüe: Leonard von Matt «Der heilige Bruder Klaus», Offizielles Gedenkbuch der Heiligsprechung, NZN Verlag, Zürich 1947.
[2] Durch die Privilegien Kaiser Sigmunds.
[3] Seit 1404 wurde sogar das Landammannamt im jährlichen Turnus verwaltet; vgl. D., p. XI.
[4] Die Obwaldner beteiligten sich mit Uri im Jahre 1403 an der Okkupation des Livinentals und sicherten sich im Jahre 1496 bei der Rückgabe des Eschentals Spezialbedingungen zur Sicherung des Griespasses nach Mailand.

Jungmannschaften bei den geringfügigsten Anlässen zu Streifzügen ins Nachbargebiet loszogen und daß die Eidgenossen sogar 1461 den fünfzigjährigen Frieden mit Österreich brachen, um zur Eroberung des Thurgaus auszuziehen[5]. Das Reisläufertum nahm recht unrühmliche Formen an, und auch sonst zeigten sich gefährliche Auflösungserscheinungen. Die Landsgemeinde verschacherte z. B. das Bürgerrecht für Geld an übelberüchtigte Ausländer[6], und besonders der vierzehn Jahre dauernde Krieg der Urkantone mit Zürich (1436–1450) um das Erbe des Grafen von Toggenburg[7] hatte eine demoralisierende Wirkung. Bruder Klaus nahm an diesem Krieg als Venner teil und gelangte bis an den Hirzel und nach Thalwil[8]. Er erlebte es zu seinem Leidwesen, wie die Abmachungen des Sempacher Briefes zum Schutze der Zivilbevölkerung und der Kirchen allesamt gebrochen wurden. Die doppelten und dreifachen Papstwahlen jener Zeit hatten das Vertrauen der Bevölkerung in die kirchliche Autorität sehr gefährdet[9], besonders da es immer wieder vorkam, daß kirchliche Würdenträger ganze Landstriche exkommunizierten, indem sie sich in politische oder sonstige weltliche Prozesse einmischten, so daß oft Gemeinden auf Jahre hinaus ohne Pfarrer und ohne Gottesdienst blieben. Deshalb mußte auch Bruder Klaus selber weit weg, nach Kerns, zur Taufe getragen werden, weil die Pfarrei seiner eigenen Gemeinde, Sachseln, seit 1417 nicht mehr besetzt war[10]. Es ist daher begreiflich, daß in diesen Verfallszeiten die sogenannten Laienbewegungen an Boden gewannen[11] und religiöse Menschen sich mehr auf sich selber gestellt fühlten als sonst.

Bruder Klaus selber wurde im Jahre 1417 als Sohn eines angesehenen Sachseler Gemeindebürgers, HEINRICH VON FLÜE[12], geboren, und er sagte später aus, daß er schon im Mutterleib Visionen gehabt habe.

---

[5] Näheres vgl. D., p. XIII.
[6] Vgl. den sogenannten Mötteli-und-Koller-Handel, D., p. XII/XIII.
[7] D., p. XII.
[8] Vgl. D., p. XII.
[9] Vgl. D., p. 14–16.
[10] D., p. XV ff./XVI und p. 6, nach dem um 1488 verfaßten «Kirchenbuch von Sachseln».
[11] D., p. XVI–XVIII.
[12] Seine Mutter hieß HEMMA ROBERTA; vgl. D., p. 27/28.

Er erzählte dies seinem großen Vertrauten und «directeur de conscience», HEINY AM GRUND[13] aus Luzern, welcher sein Beichtvater war und ihm auch den Kontakt mit der mystischen Literatur seiner Zeit vermittelte[14]. Es ist wohl in erster Linie diesem HEINY AM GRUND zu verdanken, daß Niklaus von Flüe sich im Rahmen der Kirche halten konnte. Bruder Klaus erzählte einmal einem Mönch[15], daß er eine seltsam große Ehrfurcht vor dem Priesteramt empfinde und daß es ihm jedesmal, wenn er einen Priester erblicke, wäre, als *sähe er einen Engel Gottes*. Und dadurch sei er auch erst zu seiner großen Verehrung für das heiligste Sakrament des Leibes und Blutes Jesu Christi gelangt. Diese Ehrfurcht hat sich dann auf HEINY AM GRUND als passenden Träger für das innere Bild übertragen, während Klaus unerfreulichen Geistlichen schweigend aus dem Wege ging. Offenbar projizierte Klaus auf die Gestalt des Priesters ein Bild seiner eigenen zukünftigen Persönlichkeit bzw. die archetypische Idee des Selbst, der umfassenden Ganzheit – daher die Idee, der Priester sei ein Engel, das ist der Bote der Gottheit.

---

[13] Nach anderer Schreibweise HAIMO AM GRUND.
[14] Er war zuerst Pfarrer von Kriens, später von Stans. Vgl. über ihn auch CH. JOURNET, «Saint Nicolas de Flue», Neuchâtel/Paris 1947 (Cahiers du Rhône), p. 1 ff.
[15] Vertrauliche Mitteilungen von Bruder Klaus an einen Predigermönch, 8./9. Juni 1489; D., p. 39.

DIE VORGEBURTLICHEN GESICHTE
UND DIE TAUFVISION

Der erwähnte HEINY AM GRUND berichtet nun[1], «wie Bruder Klaus im geseytt, das er im mûtterlib vor und ee er geboren sie, ein sternen am hymel gesehen, der die gantzen welt durchschinen und sid das er im Ranft gewonet, habe er alwegen ein sternen am hymel gesehen, der im glich were, das er eygentlich meynte, er solte es sin; das bedütte, als er das usleytte, das yederman von im wüste zů sagen, das er in der welte also schine. Ouch habe bruder Claus im geseyt, das er vor siner purd im mûtterlib seche ein großen stein, der bedütte die veste und stetty sins wesens, darinn er beharren und von sim fürnemen nit abfallen solt. Daby habe er im mutterlib das heylig öll gesehen, und als er geborn sy worden und an die welt komen sye, habe er sin mutter und sin hebamman bekent und sich selbs gesehen zu touffen trägen durch den Ranft gan Kerns mit solicher vernunft das er des nyermermer vergessen hab, wan er wuste das dozumal dennocht so wol, als da es geschehe. Er hette ouch dennzumal gesehen ein altten man bym touff stän, den bekantte er nit, aber den priester, der inn touffte, bekantte er wol[2].»

Diese Aussage Bruder Klausens ist außerordentlich verblüffend

---
[1] Vgl. D., p. 465/66, und F. BLANKE, «Bruder Klaus von Flüe», l. c., p. 111. Parallel hiezu verläuft der Bericht von H. WÖLFFLIN (Lupulus), der um 1501 verfaßt ist (D., p. 531). Vgl. auch A. STOECKLI, «Die Visionen des seligen Bruder Klaus», Einsiedeln 1933, p. 10.

[2] WÖLFFLINS Bericht basiert hierauf; er formuliert es folgendermaßen: Klaus habe ausgesagt, daß er einen Stern am Himmel sah «alle andern überglänzen, von dessen Strahlen der ganze Erdkreis erleuchtet ward; er erzählte später, daß er in seiner Einöde oft einen gleichartigen *Stern* wieder erblickt, so daß er glaube, es sei jener selbe, den er im Mutter-

und stellt uns vor ein schwieriges Problem: Entweder handelt es sich um ein völlig einmaliges und unerhörtes Wunder, daß ein Embryo und neugeborenes Kind bewußte erinnerte Wahrnehmungen machen könne, oder diese Aussage stimmt nicht, was mit der sonst bekannten Wahrhaftigkeit und nüchternen Echtheit des Heiligen in Widerspruch stünde. In der katholischen Literatur wird die Echtheit dieser Vision zum Teil angezweifelt und zum Teil akzeptiert[3], beides ohne daß die Autoren meines Erachtens entscheidende Gründe für ihre Auffassung anführen können. Vielleicht ließe sich außer den erwähnten Alternativen eine weitere Vermutung über die Entstehung dieser seltsamen Aussage erörtern: nämlich daß Bruder Klaus *einen Traum* über solche vorgeburtliche Ereignisse und die Geschehnisse bei der Taufe gehabt habe (denn hiefür gibt es Beispiele) und daß er von der Wahrheit des Traumes derart überzeugt war, daß er seinen Inhalt als eine gültige Information betrachtete. Dem entspricht nämlich die Tatsache, daß solche vorgeburtliche seelische Lebensäußerungen eines Embryos mythologische und religionsgeschichtliche Parallelen aufweisen[4] und daher einer Vorstellung entsprechen, welche auf einer archetypischen Grundlage zu beruhen scheint. An *biblischen Parallelen* käme besonders Jer. I, 5, in Frage[5]: «Ich kannte dich, ehedem ich dich im Mutterleib

---

leib geschaut. Er erkannte auch damals *einen mächtigen Felsen* und *das heilige Öl,* mit dem die Christgläubigen gesalbt werden..., und er versicherte auch ohne Ruhmredigkeit, daß diese Gesichte auf sein künftiges Leben sich bezogen hätten. Er fügte auch bei, wie er gleich nach seiner Geburt Mutter und Hebamme und wie er durch die felsige Gegend, in welcher er sein Leben beschloß, nach Kerns zur Taufe getragen worden sei, klar erkannt, und wie er das alles im Gedächtnis behalten, als wenn es sich im reifern Alter zugetragen hätte. Den Priester, der ihn taufte, und die Paten beiderlei Geschlechts habe er von da an gekannt. *Nur ein Greis,* der unter den Umstehenden der Taufe beiwohnte, sei ihm, wie er versicherte, gänzlich fremd gewesen» (D., p. 531; vgl. auch A. STOECKLI, l. c., p. 10).

[3] Vgl. eine Übersicht der katholischen Auffassung dieser Frage in CH. JOURNET, «Saint Nicolas de Flue», l. c., p. 158 ff., und M.-B. LAVAUD, «Vie profonde de Saint Nicolas de Flue», l. c., p. 24 ff. LAVAUD neigt dazu, dem Bericht Glauben zu schenken.

[4] Dies hat zum erstenmal JUNG betont, gegen BLANKE (l. c., p. 112), der die Existenz von Parallelen ableugnete. JUNG sagt in einem Brief an BLANKE (zit. l. c., p. 115): «Derartige Aussagen pflegen selten ganz vereinzelt zu sein.» Er vermutet, es müsse daher Parallelfälle geben oder daß Bruder Klaus den Gedanken aus früherer Tradition her habe. So sah Joe Homer, ein Medizinmann der Yuma-Indianer, Gott bereits im Leib seiner Mutter. Vgl. C. Daryll Forde, «Ethnography of Yuma Indians», Univ. of Calif. Publications in American Archaeology and Ethnology, Vol. 28, nr. 4, Dez. 1931. Ich verdanke diesen Hinweis der Freundlichkeit von Herrn Roy Freeman. Wie BLANKE betont, hat Katharina Emmerich vorgeburtliche Visionen nach ihrer Aussage gehabt, doch dürfte sie dies von Bruder Klaus übernommen haben.

[5] Von BLANKE selber als «relative» Parallele angeführt; l. c., p. 115.

bereitete; ehedem du aus dem Mutterschoße hervorgingst, habe ich dich geheiligt und dich bestimmt zum Propheten unter den Völkern.» Ebenso «erkannte» Johannes der Täufer Christum schon im Mutterleibe; denn als Kind «hüpfte» er im Schoße seiner Mutter, als letztere Mariae begegnete[6]. Daß Kinder schon im Mutterleib sprechen, kommt als Motiv in verschiedenen primitiven Mythen vor – solche Kinder entwickeln sich später immer zu Heilbringern und Heldenfiguren[7].

Wie viele andere religiöse Aussagen ist daher wohl auch diese Behauptung des Bruder Klaus nicht konkretistisch, sondern als «seelisch wahr» zu verstehen[8]; sie entspricht einer archetypischen religiösen Vorstellung und versinnbildlicht, den Parallelen gemäß, seine Auserwählung zum «Heilbringer» und religiösen Führer.

Die Symbole, welche er nach seiner Aussage im Mutterleibe und bei der Taufe schaute, sind an sich höchst bedeutungsvoll. Es sind ihrer *vier:* drei Symbole aus der unbelebten Materie, die er im Mutterleib erblickte: *den Stern, den Stein* und *das heilige Öl,* und als viertes ein menschliches Symbol, die Figur des *unbekannten alten Mannes,* den er kurz nach seiner Geburt sah.

Der Stern gilt seit alters als Ankündiger der Geburt eines bedeutenden Menschen, angefangen mit dem Stern von Bethlehem (Joh.VIII, 12; Phil. II, 15). Vielenorts glaubte man, daß die menschliche Seele entweder vor der Geburt oder wieder nach dem Tode ein Stern sei[9]. In

---

[6] Luk. I, 15, verheißt der Engel von Johannes, er werde «noch im Mutterleib erfüllt werden mit dem Heiligen Geist»; vgl. Luk. I, 41.

[7] Vgl. die Beispiele in «Indianermärchen aus Südamerika», in: «Die Märchen der Weltliteratur», ed. F. van der Leyen und P. Zaunert, Jena 1921, Nr. 3: «Die Sonne, der Frosch und die Feuerhölzer.» Das Kind zeigt seiner im Wald verirrten Mutter den Weg und spricht mit ihr. In Nr. 28: «Makunaima und Pia», sprechende Zwillinge im Mutterleib; Nr. 79: «Die Zwillinge» (dasselbe Motiv). Auch in einem Heilbringermythos der nordamerikanischen Irokesen unterhalten sich der Gute und der Böse im Mutterleib und streiten sich über den Geburtsweg, den sie einschlagen wollen; vgl. «Indianer-Märchen aus Nordamerika» (selbe Sammlung), Nr. 156, p. 104/05.

[8] Vgl. C.G. Jung, «Symbolik des Geistes», Zürich 1948, p. 442/43; und über die prinzipielle rationale Unmöglichkeit religiöser Aussagen C.G. Jung, «Psychologie und Alchemie», Zürich 1944, p. 29–31.

[9] Beim Tod der vergöttlichten römischen Kaiser suchten die Astrologen jeweils einen neuen Stern am Himmel.

Ägypten wurde z. B. der *Ba*, das Symbol des Selbst und der vorbewußten und postmortalen Individualität, u. a. mit einem Zeichen, das einen Stern darstellt, geschrieben[10]. Die postmortale Verstirnung der Helden ist ein Mythenmotiv von allgemeiner Verbreitung[11]. In der Allegorik der Kirchenväter werden die Sterne als die kirchlichen Würdenträger gedeutet, «welche durch Wort und Vorbild wie Sterne in dieser Welt leuchten sollen». Sie sind «feurig durch die Wärme der Liebe und am Himmel, das ist an Christus, befestigt durch Glauben, Liebe und Hoffnung», und «sie wirken auf die Erde ein durch ihren Trost, den sie den Armen spenden[12]». Oder die Sterne gelten als die Auserwählten Christi[13], wobei auch Christus selber ein Stern ist, die «stella matutina», welche die Welt erleuchtete[14] und die Nacht der Sünde beendete[15]. Endlich wurden auch in der Kirche die Sterne als die glorifizierten Leiber der «Auferstandenen» angesehen[16], was an die alte ägyptische Vorstellung der verklärten Totenseele, des *Ba*, welche als Stern erscheint, erinnert. Der Stern ist ferner auch ein Symbol des *alchemistischen Mercurius* als des «principium individuationis[17]». Er kündigt somit dem Bruder Klaus ein archetypisches Schicksal und die Möglichkeit der Individuation an, und Klausens eigene Auslegung ist daher nicht abwegig; nämlich daß dieser Stern ihn selber meine.

Das zweite Symbol, der «große Stein» oder Fels, ist in Bruder Klausens Namen selber enthalten, denn «von Flüe» heißt eigentlich

---

[10] Vgl. H. JACOBSOHN, «Das Gespräch eines Lebensmüden mit seinem Ba», in: «Zeitlose Dokumente der Seele», 1952, p. 2 ff., und A. DIETERICH, «Eine Mithrasliturgie», Leipzig-Berlin 1923, p. 3. Der Myste spricht zu den Göttern: «Ich bin ein Stern, der mit euch seine Wandelbahn geht und aufleuchtet aus der Tiefe.»

[11] Vgl. E. STUCKEN, «Astralmythen», Leipzig 1907, p. 48 ff. Ich stimme nicht mit STUCKENS Auffassungen überein; es ist dies als reiner Materialhinweis gemeint. *Perseus* und *Herkules* werden im gleichnamigen Sternbild verstirnt, *Osiris* im *Orion* usw.

[12] Vgl. ALBERTUS MAGNUS, «In Apocalypsim B. Joannis.» Opera, ed. BORGNET, Paris 1899, Bd. 38, p. 494.

[13] L. c., p. 504.

[14] L. c., p. 524.

[15] L. c., p. 524.

[16] L. c., p. 529.

[17] Vgl. C. G. JUNG, «Symbolik des Geistes», l. c., p. 114 ff. Mercurius wird mit der Sternenkrone dargestellt. Er wird als στίλβων, der Glänzende, mit dem Morgenstern verglichen.

«vom Felsen[18]». Im Wappen der Familie war eine Gemse (später ein Steinbock) auf einem Berg oder auf drei Felsen stehend abgebildet[19]. Klaus deutete den Fels selber: «das bedütte die veste und stetty sins wesens, darin er beharren und von sim fürnemen nit abfallen solt[20]». Der alchemistische Stein der Weisen galt ähnlich als ein Symbol für die Unerschütterlichkeit des Selbst. Die Bedeutung des Steinsymbols ist ein so umfassendes Thema, daß ich hier nur ein paar Hauptpunkte aus C. G. Jungs Kapitel «Die Steinsymbolik», in: «Von den Wurzeln des Bewußtseins», anführen möchte[21]. Jung weist darin nach, daß das zentrale Symbol der Alchemie, der Lapis, eigentlich in der Auffassung des Alchemisten den «inneren Menschen» symbolisiert, d. h. den Anthropos pneumaticos, den die Alchemisten als eine «natura abscondita» aus dem Stoff zu befreien suchten. Der Stein ist daher eigentlich *ein in der Materie verborgener Gott des Makrokosmos. Jeder Mensch ist der potentielle Träger und Erzeuger des Steins.* Der alchemistische Lapis ist eigentlich ein Gottesbild, welches in seiner Stofflichkeit die zu hohe Geistigkeit des Bildes Christi, welches zu weit vom natürlichen Menschen entfernt ist, kompensiert. Jung sagt: «Im Bilde des Mercurius und des Lapis glorifizierte sich das ‚Fleisch' auf seine Art, indem es sich nicht in Geist verwandeln ließ, sondern im Gegenteil *den Geist als Stein fixierte...*»; der Lapis darf daher in gewissem Sinne als ein *Symbol des «inneren» Christus,* des «Deus in homine», aufgefaßt werden. Er bildet keinen Ersatz zu Christus, sondern gleichsam die Krönung von dessen Erlösungswerk, und er stammt aus *«jenen psychischen Grenzgebieten, die in das Geheimnis der Weltmaterie münden».*

Das Steinsymbol oder Bild einer göttlichen Wirkung des Steins ist an sich viel älter als die Alchemie und findet sich z. B. schon in der australischen Auffassung, nach welcher *die Kinderseelen in einem Kinderstein wohnen*[22]. Aber die Idee von magischen Steinen existierte auch in

---

[18] F. Blanke, l. c., p. 113.
[19] D., p. 5. Später kam ein Schrägbalken hinzu.
[20] D., p. 465/66. Aussage des Heiny am Grund, l. c., F. Blanke, l. c., p. 111.
[21] L. c., p. 196–203. Die Hervorhebungen sind von mir.
[22] Jung fährt fort («Von den Wurzeln des Bewußtseins», Zürich 1954, p. 198/99): «Der Stein als gelegentlicher Geburtsort der Götter (z. B. Steingeburt des Mithras) beruht auf

Europa. Der Wahn des Orestes wurde durch einen Stein geheilt, und Zeus' Liebeskummer fand Heilung auf dem Stein von Leukadia[23]. Im altgermanischen Kulturbereich legte man ausgehöhlte Steine auf die Gräber und brachte dort Opfer dar, da man wahrscheinlich glaubte, daß die Seelen der Toten in den Steinen wohnten[24], und ebenso meinte man daher, daß die kleinen Kinder wieder aus solchen Steinen kämen[25]. Es sind dies die sogenannten *Bautar-Steine*[26]. Nach der Auffassung ande-

---

primitiven Steingeburtsagen, die ihrerseits auf noch ursprünglichere Vorstellungen zurückgehen: z. B. gibt es eine australische Auffassung, nach welcher Kinderseelen im Kinderstein wohnen. Sie können zur Auswanderung in einen Uterus dadurch veranlaßt werden, daß ein Mann den Kinderstein mit einem Churinga reibt. Als Churingas werden Rollsteine oder geformte, mit Ornamenten verzierte längliche Steine oder längliche, flache... Holzstücke oder Stöcke bezeichnet... Nach der australischen und melanesischen Auffassung stammen die Churingas von Totemahnen, sind Relikte seines Körpers oder seiner Tätigkeit und enthalten sein Arunquiltha oder Mana. Sie sind verbunden mit dessen Seele und den Geistern aller nachmaligen Inhaber. Sie sind tabu, d. h. geheim, werden in Caches begraben oder in Felsklüften verborgen. Zur Stärkung werden sie auch auf Gräberfeldern begraben, um das Mana der Toten aufzunehmen. Sie fördern das Wachstum der Feldfrüchte, die Fortpflanzung von Mensch und Tier, heilen Wunden, Krankheiten und seelische Schäden... Die Churingas werden kultisch mit rotem Ocker gefärbt, mit Fett gesalbt, auf Blätter gebettet oder eingewickelt und etwa bespuckt (Speichel = Mana!). SPENCER and GILLEN, ‚The Northern Tribes of Central Australia', 1904, p. 257 ff.»
[23] So weit JUNG.
[24] Vgl. P. HERRMANN, «Das altgermanische Priesterwesen», Jena 1929, p. 52: «Funde zeigen, daß man ausgehöhlte Steine auf die Gräber legte und in diese Spenden goß, zur Nahrung für den Toten. Im Norden sind die sogenannten Näpfchen- oder Schalensteine häufig, zuweilen mit Radkreuzen, Sinnbildern der Sonne, versehen.» - p. 53/54: «Um die Gräber waren seit alter Zeit Steine in Kreisform gesetzt. Es ist möglich, daß diese die heilige Stätte von ihrer Umgebung absondern sollten und daß sich aus ihnen der Tempelbau entwickelte. Mit dieser Erklärung läßt sich die Annahme wohl vereinigen, daß man dem Stein als Behausung eines·Toten Verehrung und Opfer brachte, daß die Seelen der Vorfahren in den Steinen wohnten wie in den Seidas der Lappen die Penaten. Die Kirche eiferte in Deutschland bis ins 11. Jahrhundert gegen ‚Spenden an Steinen'...»
[25] L. c., p. 54: «In Dänemark kommen die kleinen Kinder aus Steinen. Ein Isländer betete ein paar Steine an, und das isländische Kirchenrecht vom Jahre 1123 bestimmte: ‚Die Leute sollen sich nicht mit Steinen zu tun machen.' König *Knud* verbot den Dänen die Verehrung von Steinen in England. In Gilja auf Island stand ein Stein, den die gesamte Verwandtschaft anbetete und von dem sie sagten, daß ihr Schutzgeist darin wohnte. *Kodran* erklärte, daß er sich nicht taufen lassen wollte, bevor er wüßte, wer stärker wäre, der Schutzgeist, der seiner Familie stets Glück gebracht hätte, oder der Bischof. Darauf begab sich dieser zu dem Stein und ‚sang' darüber, bis der Stein barst. Da meinte *Kodran* zu verstehen, daß sein Schutzgeist besiegt war, und ließ sich taufen.»
[26] L. c., p. 54: «In alte Zeit geht der Brauch zurück, eine Art von Denkmälern, Erinnerungs- und Markzeichen auf den Gräbern, aufzustellen. Schon aus der Bronzezeit stammen vereinzelte Steine ohne Inschrift und reichen bis ins 11. Jahrhundert. Die *Bautar-Steine* des

rer germanischer Stämme lebte die Ahnenseele der Sippe im oder am *Herdstein* als der ältesten Begräbnisstätte fort, und von letzterem nahm man an, daß er ein von Gott auf die Erde geschleuderter Stein sei[27].

In Indien[28] tritt der Mann auf einen Stein, um die Festigkeit seines Charakters zu erlangen. Auch Bruder Klaus deutet ja den Stein als die «Stetigkeit seines Wesens[29]»!

Das Motiv der Steingeburt ist allgemein verbreitet und findet sich in einem irokesischen Mythos wieder: in ihm werden zwei Heilbringer dargestellt, Zwillingsbrüder, von denen der eine, «Ahornsproß», gut ist, der andere, «Feuerstein», aber böse. Bei einem anderen Stamm, den Wichita, heißt der Heilbringer «der große Südstern», welcher aber auf Erden als «Feuersteinmann» sein Heilswerk verrichtet. Er hat einen Sohn, genannt «junger Feuerstein». Nach Beendigung ihres Werkes fahren beide zum Himmel auf. In diesem indianischen Mythos kommt, wie JUNG darlegt, genau wie in der mittelalterlichen Alchemie der «Heilbringer», d. h. Heiland, mit dem Motiv des Steins, des Sterns und des «Sohnes», der super omnia lumina erhöht ist, zusammen. – Genau dieselbe Verbindung archetypischer Motive findet sich auch in diesen vorgeburtlichen Visionen des Bruder Klaus wieder, ein schönes Beispiel archetypischer Motivverwandtschaft, die nicht auf bewußter Beeinflussung beruht.

Nordens sind ohne Zweifel ursprünglich Seelenaufenthaltsorte, denn sie sind vor allem in Gräbern gefunden. Es sind unbehauene Grab- oder Gedenksteine ohne Inschrift... Sie finden sich zuweilen in größeren Gruppen auf Gräberfeldern mit Hügeln und allerlei Steinsetzungen zusammen, meistens stehend 1 bis 6 Meter hoch.»

[27] L. c., p. 64: «Als äußeres Zeichen der am Herd fortlebenden Ahnenseele war im Hause der Stab errichtet, die *Ahnensäule,* woraus sich die Hochsitzsäule entwickelt hat. Der Herdstein galt in späterer Zeit als ein von dem Gotte vom Himmel auf die Erde geschleuderter Stein.»

[28] Fortsetzung von JUNG.

[29] Vgl. C.G. JUNG: «Von den Wurzeln des Bewußtseins», l. c., p. 200 ff. Nach SAXO GRAMMATICUS stehen die Elektoren des Königs auf Steinen, um dadurch ihrem Wahlentscheide Dauer zu geben. Der grüne Stein von Arran war ein Schwur- und Heilstein. In einer Höhle von Birseck bei Basel wurde ein Cache von solchen «Seelensteinen» gefunden, und bei den neulichen Ausgrabungen im Pfahlbau des Burgaeschisees im Kanton Solothurn wurde eine Setzung von Rollsteinen, die in Birkenrinde eingewickelt waren, entdeckt. JUNG betont, daß die Idee des magischen Steines dann in der Bedeutung der Edelsteine weiterlebte, und führt weiter einen Navajo-Mythus von einer Türkisgöttin an, deren Steinnatur ihre Unsterblichkeit darstellt (l. c., p. 201 f.).

Der Stein bedeutet in Mythen ferner oft Unsterblichkeit, weshalb sich Heroen häufig in einen Stein verwandeln, um ihren Körper vor der Verwesung zu bewahren[30]. In seiner umfassendsten Bedeutung ist der Lapis ein Symbol *des Retters, des Anthropos und der Unsterblichkeit.* Psychologisch stellt er den größeren «inneren Menschen» bzw. das Selbst dar, und insofern kann man den Stein in Bruder Klausens Vision auch *als den nunmehr zur Erde herabgekommenen Stern* deuten.

Der alchemistische Lapis ist nach Aussage der Autoren nicht ein gewöhnlicher Stein, sondern ein «Stein, der einen Geist hat». Er ist identisch mit dem Allheilmittel («medicina catholica», Panazee) und damit auch mit den verschiedenen Tinkturen der Alchemie, wie dem Wasser, Öl, Elixier vitae etc. Im Lichte alchemistischer Amplifikationen besehen, ist daher auch das heilige Öl, welches Bruder Klaus als drittes Symbol im Mutterleib erblickte, eigentlich eine Variante desselben Grundmotivs bzw. eine Weiterentwicklung des gleichen archetypischen Inhaltes, gilt doch der alchemistische Mercurius als ein «Öl» («oleum») bzw. eine «aqua unctuosa» und ist von christlichen Alchemisten selber oft mit dem kirchlichen Chrisma verglichen worden[31]. In der Kirche wird das heilige Öl bei der Firmung, bei der Priesterweihe und als Krankensalbung verwendet[32], und es galt u. a. als die «dynamisch» gewordene Gnade (Charisma) des Heiligen

---

[30] Vgl. C. G. JUNG, l. c., p. 203: «Der Kultusheros der Natchez-Indianer verwandelt sich in einen Stein, um die tödliche Wirkung seines Blickes zu mildern und seinen Körper vor der Verwesung zu bewahren»; p. 204: «Die ägyptischen Könige ließen sich Steinstatuen machen, um ihrem Ka Unvergänglichkeit zu sichern»; p. 205: «In der Elias-Apokalypse heißt es von denen, die dem Antimessias entgehen: ‚Der Herr wird zu sich nehmen ihren Geist und ihre Seelen, ihr Fleisch wird werden, indem es Stein (petra) ist, kein wildes Tier wird sie fressen...'», und: «In einer Basuto-Sage, welche L. FROBENIUS, ‚Das Zeitalter des Sonnengottes', 1904, p. 106, berichtet, wird der Heros von seinen Verfolgern am Ufer eines Flusses gestellt. Er verwandelt sich aber in einen Stein und läßt sich von den Feinden *auf die andere Seite werfen* (Motiv des Transitus ‚andere Seite = Ewigkeit').»

[31] Vgl. z. B. «Aurora consurgens», Teil I, Kap. 8, in: C. G. JUNG, «Mysterium Coniunctionis», Bd. 3, und J. D. MYLIUS, «Philosophia reformata», 1629, p. 260, zit. in: C. G. JUNG, «Von den Wurzeln des Bewußtseins», p. 449: «Die ‚prima materia' ist eine ‚aqua unctuosa' (ein öliges Wasser) und ist der philosophische Stein, an dem sich die Zweige unendlich vermehren.» «Hier», sagt JUNG, «ist der Stein selber als Baum und als ‚feuchte Substanz' (ὑγρὰ οὐσία der Gnostiker) bzw. ‚öliges Wasser' (Wasser und Öl mischen sich nicht!) verstanden.»

[32] Vgl. F. BLANKE, «Bruder Klaus von Flüe», l. c., p. 113.

Geistes[33]. Es bedeutet «Mana[34]» und ist eine Unsterblichkeit verleihende Substanz – gleichsam der verflüssigte Stern oder Stein oder, alchemistisch gesprochen, «die Seele des Steins», so daß letzterer in dieser dritten, neuen Form dem Menschen seelisch gleichsam nochmals um einen Schritt näher gerückt ist. Es ist nämlich in der Reihenfolge der Symbole eine gewisse Entwicklung abzulesen. Der Stern ist die «fernste», ganz außen in den Kosmos projizierte Veranschaulichung des Selbst und des «inneren Lichtes». Der Stein ist der zur Erde herabgekommene, greifbar gewordene Stern, und das Öl ist gleichsam dessen «verborgene Seele» oder, kirchlich gesprochen, eine Substanz, in welcher sich der «Heilige Geist» manifestiert. Das Öl symbolisiert daher wohl einen *Sinn,* der den Menschen auf die numinose Gegenwart der Gottheit hinweist, einen Sinn, wie er sich z. B. hinter den Synchronizitätsphänomenen andeutet[35] und eine geistige bzw. seelisch verstehbare Ordnung sogar in den anorganischen materiellen Dingen vermuten läßt. Alle drei Symbole der vorgeburtlichen Vision des Heiligen bedeuten seine Berufung zur Individuation und deuten auch an, von welcher Art das Göttliche ist, das sich in Bruder Klaus realisieren möchte: *der alchemistische Lapis, eine «analogia Christi», möchte in ihm Wirklichkeit werden.*

Doch zu diesen drei Dingen, welche ausgesprochen alchemistische Bilder, d. h. Symbole aus der unbelebten Materie, darstellen, fügt sich nun noch ein viertes, und als solches bezeichnenderweise ein gegenüber den anderen ausgezeichnetes Bild: nämlich der bei der Taufe erscheinende *unbekannte alte Mann.* Das vierte leitet jeweils in einen neuen Bereich über[36] – hier in das diesseitige Leben und ins Menschliche –, es ist aber unverkennbar wieder ein Symbol des Selbst. JUNG schrieb[37] an

---

[33] Vgl. M.-L. v. FRANZ, «Passio Perpetuae», in: C.G. JUNG, «Aion», Zürich 1951, p. 477.

[34] Unter «Mana» versteht man religionsgeschichtlich die primitive Vorstellung einer magischen Potenz, «welche ebensowohl als objektive Kraft betrachtet wird, als sie auch subjektiver Intensitätszustand ist.» Das Wort selber ist melanesisch; es gibt aber bei anderen Völkern viele parallele Ausdrücke für diese göttliche numinose Kraft. Vgl. C.G. JUNG, «Über psychische Energetik und das Wesen der Träume», Zürich 1948, p. 108 ff.

[35] Über diese vgl. unten.

[36] Vgl. C.G. Jung, «Aion», Zürich 1951, p. 361–378.

[37] In einem Brief an BLANKE vom 18. März 1946, zit. bei F. BLANKE, l. c., p. 118.

BLANKE, dieser alte Mann bedeute den Archetypus des alten Weisen, d. h. des Geistes. Im christlichen Gebiet entspreche er dem «antiquus dierum», in der Kabbala dem «senex sanctissimus» oder «caput album» und auch dem «antiquus dierum». Hier aber wäre er wohl die Personifikation des «granum salis», das der Täufling erhält, nämlich der *Sapientia Dei,* in welcher Gott selber anwesend sei.

Als unbekannter alter Mann stehen somit eigentlich wieder der Stern, der Stein und das Öl dem Kind schweigend zu Gevatter. Derselbe Greis taucht auch später öfters wieder in den Visionen auf und enthüllt dann weitere Aspekte seines göttlichen Wesens.

Der unbekannte alte Mann, der bei der Taufe eines Kindes erscheint, ist ein Märchenmotiv. So heißt es im GRIMMschen Märchen von «Ferenand getrü und Ferenand ungetrü», daß einmal ein Vater so arm war, daß er für seinen kleinen Jungen keinen Paten fand; da bittet er einen *unbekannten armen alten Mann* zu Gevatter. Letzterer erscheint in der Kirche und tauft den Knaben «Ferenand getrü». Er gibt ihm einen Schlüssel und sagt ihm, wenn er vierzehn Jahre alt sei, werde er auf der Heide ein Schloß finden, zu dem der Schlüssel passe, und darin werde er sein Patengeschenk finden. Es ist dies ein weißes Pferd. Dieser Schimmel entpuppt sich später als redendes Pferd, und es geleitet und berät den Jungen bei seinen großen Heldentaten. Am Ende jagt er den Schimmel dreimal im Kreis herum, und da wird er zu einem schönen Königssohn. Nach gewissen Varianten heißt es aber[38], *daß dieses Pferd eigentlich Gott selber sei*[39], und nach anderen ist es identisch mit dem Greis, der bei der Taufe auftrat[40]. Ich erwähne dieses Märchen hier darum, weil das Motiv des Pferdes noch in einer späteren Vision des Bruder Klaus von Bedeutung sein wird und weil auch Klaus in der Pubertät zwar nicht ein Schloß, aber einen «magischen Turm» fand.

---

[38] Vgl. J. BOLTE und G. POLIVKA, «Anmerkungen zu den Kinder- und Hausmärchen der Brüder Grimm», Leipzig 1913, Bd. 3, p. 22.
[39] L. c., p. 22.
[40] L. c., p. 22.

DIE TURMVISION

Als Knabe war Klaus sehr fromm und auch, psychologisch gesehen, ausgesprochen introvertiert – er schlich sich oft von seinen Altersgenossen weg und suchte einen heimlichen Ort zum Gebete auf. «Mit den wachsenden Jahren seiner Jugend», sagt WÖLFFLIN[1], «fing er schon an, sich immer mehr in frommen Werken zu üben, so daß er noch als unmündiger Knabe alle Freitage, bald aber viermal wöchentlich den Leib durch Fasten abhärtete. Die vierzigtägige Fastenzeit hielt er insgeheim so, daß er täglich nur einen kleinen Bissen Brot und wenig gedörrte Birnen... genoß.» Wenn man ihm dies als allzu große Strenge vorhielt, antwortete er, «es sei dem göttlichen Willen so gefällig».

Diese intensive Introversion scheint im Einklang mit den Tendenzen des Unbewußten gewesen zu sein; denn es wird von einer anderen Vision berichtet, welche Klaus mit sechzehn Jahren hatte: Ein Freund, ERNI AN DER HALDEN, sagt aus[2], Bruder Klaus habe ihm anvertraut, er habe, als er sechzehn Jahre alt war, *einen hohen, schönen Turm gesehen*, an der Stelle, wo jetzt sein Häuslein und die Kapelle stünden. Daher sei er auch von jung auf willens gewesen, «ein einig wesen[3] [einsames Leben] zu suochen, als er ouch getan».

---

[1] D., p. 532 ff. Zu Niklaus' Leben s. auch Werner Durrer, «Augenzeugen berichten über Bruder Klaus», Rex Verlag, Luzern 1941.
[2] Kirchenbuch von Sachseln von 1488; D., p. 464.
[3] STOECKLI übersetzt «ein einsames Leben» (p. 13).

Wie M.-B. LAVAUD[4] betont, ist der Turm ein Gottessymbol[5] und vielleicht auch ein Bild dafür, daß Klaus ein Verteidigungs- und einigender Turm für sein Volk sein werde[6].

LAVAUD erinnert ferner an das Gleichnis Luk. XIV, 26 ff.: «So jemand zu mir kommt und haßt nicht seinen Vater und Mutter, Weib, Kinder, Brüder und Schwestern, auch dazu sein eigenes Leben, der kann nicht mein Jünger sein. Und wer nicht sein Kreuz trägt und mir nachfolgt, der kann nicht mein Jünger sein. Wer aber ist unter euch, der einen Turm bauen will und sitzt nicht zuvor und überschlägt die Kosten, ob er's habe hinauszuführen?» usw. Der Turm hat hier mit der «Absage von allem, was man hat» (Luk. XIV, 33), zu tun und mit der Notwendigkeit, die unbewußte «participation mystique» der familiären Beziehungen abzubrechen, wie es eben nicht nur die Vorbedingung der Nachfolge Christi, sondern auch des Individuationsprozesses ist. Allgemein gilt der Turm sonst als Allegorie der Kirche[7] oder Mariae[8] und ist somit ein weiblich-mütterliches Symbol, wozu vielleicht zu erwähnen wäre, daß ein Bruder der Mutter, MATTHIAS HATTINGER von Wolfenschießen, ein sogenannter Waldbruder war[9] und in einem ähnlichen Turm wohnte, wie ihn sich Klaus später selber baute. (Der Bruder der Mutter ist oft ein Repräsentant ihres Animus, das ist ihrer geistigen Einstellung, so daß hier ein Einfluß auf Bruder Klaus von der Mutterseite her denkbar wäre[10].)

Psychologisch bedeutet der Turm in seinem negativen Aspekt oft das Eingesperrtsein in introvertierte Defensivmechanismen, ein Abge-

---

[4] M.-B. LAVAUD, «Vie profonde de Nicolas de Flue», Fribourg 1942, p. 27 ff.

[5] Vgl. Ps. 61, 4: «Denn du [Gott] bist meine Zuversicht, ein starker Turm vor meinen Feinden.» Und Prov. XVIII, 10: «Der Name des Herrn ist ein festes Schloß. Der Gerechte läuft hin und wird beschirmt.»

[6] Vgl. F. BLANKE, l. c., p. 69; vgl. auch M.-B. LAVAUD, l. c., p. 27: «La première mention d'une tour au livre de la Genèse se rapporte au projet insensé des hommes arrivés dans la plaine de Semaar (Gen. XI, 4.). Nicolas au contraire fera autour de lui l'unité de son peuple, en dépit de la diversité des langues et des cultures, malgré la division de la Réforme...»

[7] Vgl. «Hirt des Hermas» in der Kommentierung von C.G. JUNG, «Psychologische Typen», Zürich 1950, p. 300 ff.

[8] Vgl. C.G. JUNG, l. c., p. 298 und 307 ff.

[9] Vgl. F. BLANKE, l. c., p. 7.

[10] Auch H. FEDERER vermutete bereits, daß dieser Einfluß der Mutter hinter Bruder Klausens Frömmigkeit steht.

schlossen- und Isoliertsein; er ist aber auch als *Kerker* ein Bild des Selbst, doch besonders dann, *solange noch die Furcht vor dem Selbst überwiegt*[11]. Positiv ist der Turm das mütterliche Temenos, der heilige Bezirk, in dessen Schutz sich der Individuationsprozeß entfalten kann. Gerade in den schicksalhaften Jahren der Pubertät, in denen gewöhnlich ein Drang nach außen hin erwacht, hält das Unbewußte dieses Bild äußerster Selbst-Einschränkung dem Bruder Klaus vor Augen – zugleich aber auch ein Ziel-Bild der «hochragenden» Persönlichkeit, die er werden sollte.

Bruder Klaus hat relativ spät, mit etwa dreißig Jahren, eine DOROTHEA WISS[12] von angesehener Familie geheiratet und mit ihr rund zwanzig Jahre zusammengelebt und zehn Kinder gezeugt[13]. Auch übte er verschiedene Ämter in seiner Gemeinde aus[14]; die Würde eines Landammannes allerdings schlug er aus[15]. Er nahm als Fähnrich und später als Rottmeister an verschiedenen Kriegsexpeditionen teil, ohne indessen am Kriegshandwerk Gefallen zu finden[16]. Etwa in oder kurz nach der Lebensmitte begann er dann aber an Zuständen von Depression und innerer Unruhe zu leiden[17], und aus dieser Zeit stammen auch die meisten Visionen, die wir kennen.

---

[11] Vgl. C. G. JUNG, «Psychologie und Alchemie», Zürich 1944, p. 297 ff.
[12] D., p. 462.
[13] D., p. 27 und p. 3; vgl. CH. JOURNET, l. c., p. 16.
[14] F. BLANKE, l. c., p. 8 und p. 75; D., p. 38 und p. 40.
[15] D., p. 17 ff. und p. 463.
[16] Näheres vgl. CH. JOURNET, l. c., p. 18/19. Man fand seinen Namen in einer Liste von 699 Schweizern, welche Nürnberg von der Belagerung durch die Truppen des Markgrafen von Brandenburg zu entsetzen suchten. Vgl. G. MÉAUTIS, «Nicolas de Flüe», Neuchâtel 1940, p. 30.
[17] F. BLANKE, l. c., p. 12.

DIE ZEIT DER DEPRESSIONEN
UND DER VERSUCHUNGEN

Leider lassen sich die überlieferten innerseelischen Ereignisse nicht genau datieren, so daß ich sie nach innerer Wahrscheinlichkeit anordnen mußte. Die Zeit seiner Ehe bis zu seinem «Abbruch», wie er es nennt, d. h. seinem Entschluß, Einsiedler zu werden, zeichnet sich durch zwei Arten von Visionen aus: erstens solchen, welche einen starken Konflikt widerspiegeln, der schließlich durch den «Abbruch» seine Lösung findet; zweitens durch große Visionen, welche eher Antworten auf Glaubensprobleme seiner selbst und auch seiner Zeit zu sein scheinen. Zunächst sollen hier diejenigen Erlebnisse, die mehr den persönlichen Konflikt beleuchten, aufgegriffen werden. Über seine Depressionszustände sagte Bruder Klaus selber folgendes aus:

«Gott sandte mir eine schwere Versuchung, so daß er mir weder Tag noch Nacht Ruhe ließ, sondern das Herz war mir furchtbar schwer, so daß mir selbst die liebe Frau und die Gesellschaft der Kinder lästig ward» (um 1460)[1].

---

[1] Vgl. D., p. 39: Klaus erzählt einem Predigermönch: Als es nämlich ihm (das ist Gott) «gefiel, um mich zurückzukaufen, seine Barmherzigkeit gegen mich voll zu machen, wandte er die reinigende Feile und den antreibenden Sporn an, d. h. eine schwere Versuchung, so daß er weder tags noch nachts duldete, daß ich ruhig war, sondern ich war so tief niedergedrückt, daß mir selbst die liebe Frau und die Gesellschaft der Kinder lästig ward. Während ich in diesem Zustand verharrte, kam jener vorgenannte innig Vertraute und Freund – dem ich jenes Geheimnis enthüllt – zu mir zu besonderer Aussprache. Wie wir über allerlei redeten, enthüllte ich ihm meine Beängstigung und Beschwernis. Er brachte darauf verschiedene heilsame Ratschläge und Mittel vor, durch welche er meine Versuchung zu

In diese Lebensphase fallen verschiedene Anfechtungen durch den Teufel. Das Kirchenbuch von Sachseln berichtet nach Aussage ERNI RORERS, daß Bruder Klaus ihm gesagt habe[2], «wie im der tüffel teglich vil zů leid tätte und inn aber unsere liebe frow alwegen tröste». In seiner Suche nach dem «einig wesen[3]» habe ihm «der tüffel vil ungemachs angestattet, besunder uff ein zyt, als er in das Melchtall gan wolt in die Bergmatten torn abhowen, hette der tüffel inn ein rein ab důrch ein gros gehürst in solicher mas nidergeworffen, das im geschwunden und er sust vast übel gewürset were[4]».

Dem Pfarrer OSWALD YSSNER erzählte Klaus[5], es «were der tüffel als in düchte einist zů im komen in eines edelmans gestalt in kostlichen beschlagenen kleydern, wolberytten und nach langen reden ryette derselb im, er sollte von sim furnemen lan und thůn als ander lütt, denn er möchte das ewig leben nit also verdienen[6]».

---

heben hoffte; aber ich erwiderte ihm: dies und ähnliches hätte ich versucht und keinen Trost gefunden.» HEINY AM GRUND schlägt hierauf Bruder Klaus die Betrachtung des Leidens Christi vor (vgl. unten).

[2] D., p. 463.
[3] D., p. 464.
[4] Vgl. auch die ausführliche Beschreibung des HANS VON FLÜE, D., p. 469: [Bruder Klaus] «habe nye nüntzyt anders begert, daß got zů dienen an einer einigy und habe im ouch der tüffel vil lydens und unrüwen angestättet und besunder uff ein zyt syge er mit sim vatter gangen innß Melchtal in die Bergmatten und als er dozuomal dem vech rät tette, wollte sin vatter die dorn ußhöwen und die matten damit subern, in dem keme der tüffel und würffe sin vatter durch ein gros torngehürst ein rein ab, wol xxx schritt witt, in solicher maß, das im von önmacht geschwännt, das er nützyt mer von im selbs wüst und als er darzuo keme, richtte er sin vatter uff und trüge ihn also unwüssenden in gaden zuom für ůnd als daselbs by langem wider zuo sim selbs komen were, do was er fast dulttig und doch übell gewürset und rette doch nye nutzyt anders, wan das er sprach: Nunn wolan in gottes namen; wie hatt mich der tüffel aber so recht ubel gehandlet, doch so wils villicht got also gehept han»; vgl. auch WÖLFFLINS Zeugnis, D., p. 534.
[5] D., p. 466/67.
[6] Nach WÖLFFLIN (D., p. 546) allerdings gehört diese Begegnung in die Zeit *nach* dem «Abbruch». Im Gegensatz zu anderen Zeugnissen berichtet WÖLFFLIN, daß der Teufel den Bruder Klaus auch noch nach seinem Rückzug von der Welt «stürmisch» gequält habe, und als es ihm nichts nützte, ihn an den Haaren aus seiner Klause zu schleifen, sei er ihm als reich gekleideter Edelmann erschienen und habe gesagt, es sei völlig unnütz, außerhalb der menschlichen Gesellschaft ein solches einsames und viel zu strenge begonnenes Leben zu führen, denn dadurch könne er nicht die Herrlichkeit des Paradieses erlangen. Wenn er mit ganzer Sehnsucht danach verlange, so sei es nützlicher, sich den Sitten der übrigen Menschen anzupassen.

In einer der großen Visionen erscheinen dem Bruder Klaus einmal drei Edelleute, in denen er nachträglich die Heilige Dreifaltigkeit erkennt, und ein anderes Mal ein adliger Wanderer in goldschimmerndem Bärenfell, in welchem Bruder Klaus Christum sieht. So ist es wohl nur der *Inhalt* seines Rates, der Bruder Klaus veranlaßt, den Edelmann hier als Teufel aufzufassen. Wenn man aber von einer solchen Zuordnung zu den Inhalten des Dogmas zunächst absieht, so stellt in psychologischer Auffassung ein Edelmann zunächst nichts anderes dar als eben einen Adligen, und als solcher symbolisiert er vermutlich den Adel von Bruder Klausens eigenem Wesen, seine eigene innere, vornehme, aus der Menge sich abhebende Persönlichkeit. Es ist interessant, zu sehen, wie sich in Niklaus von Flües Leben diese innere Gestalt weitgehend verwirklicht hat; denn Bruder Klaus ist *über seine innere Entwicklung* tatsächlich gleichsam auch im Äußeren in den Adelsstand erhoben worden, haben ihn doch später im Ranft hohe Aristokraten, Fürsten und Bischöfe häufig besucht und wie einen Ebenbürtigen um Rat gefragt; und ein Adliger aus Memmingen in Schwaben, ULRICH, ist sogar in den Ranft zu ihm gezogen und hat seine Zelle in der Nähe von Bruder Klaus, im sogenannten «Mösli», erbaut.

Paradoxerweise rät nun gerade der Edelmann dem Bruder Klaus, «er solle tun wie andere Leute, da er das ewige Leben nicht auf *diese* Art verdienen werde». Vielleicht strebte Niklaus von Flüe im Bewußtsein zu viel und zu einseitig nach seinem selbstgewählten frommen Ziel, d. h. nach seinen eigenen Vorstellungen, und verlor gerade dadurch den Kontakt mit dem natürlichen Adel seines eigenen Wesens. Die etwas verkrampfte Frömmigkeit jener Lebensperiode stand wahrscheinlich nicht im Einklang mit dem Unbewußten, während der Berittene, Reiter und Roß, den Menschen im richtigen Kontakt mit seiner Tiernatur spiegeln[7]. In Uri gilt es noch heute als «Frevel», nicht zu «tuon wie ander lütt[8]». Etwas Besonderes sein wollen ist eine Her-

---

[7] Vgl. C.G. JUNG, «Symbole der Wandlung», Zürich 1952, p. 470 und p. 471. Der Held und sein Pferd stellen den Menschen mit seiner ihm unterworfenen animalischen Triebsphäre dar.
[8] Vgl. L. RENNER, «Goldener Ring über Uri», Zürich 1943, p. 310 ff.

ausforderung an die göttlichen guten oder bösen Mächte, die dann meistens auf den Plan treten. Unerwarteterweise ist es nun gerade der Edelmann, d. h. der aus der Menge sich Auszeichnende, der Klaus rät, sich anzupassen: gerade im Vertrauen auf sein besonderes Schicksal sollte er offenbar nicht mit dem Ich irgendwelche Besonderheit anstreben, sondern bescheiden bleiben, damit sich das Selbst nach dem ihm eigenen Gesetz entfalten könne.

Während Klaus sonst seine Visionen mit seltsamer Instinktsicherheit richtig beurteilte, scheint er in dieser Periode seiner Depressionen verwirrt gewesen zu sein, und darum beurteilte er auch den Edelmann negativ und bezeichnete ihn als Teufel.

Noch deutlicher zeigt eine andere Vision jener Zeit den gleichen Konflikt; denn WELTI VON FLÜE berichtet[9], Klaus habe ihm einmal u. a. erzählt, daß «er einist in anfang sins abbruchs wollte gän in das Melche gan meygen und underwegen hette er got umb gnad gebetten, das er im gebe ein andechtigs leben. In dem keme ein wolken von dem hymel, das rette mit im und spräche, er sollte sich ergeben in den willen gottes, wann er were ein dorlicher [törichter] man und was got mit im wolt würcken, darin sollte er willig sin.»

Diese Vision wirkt zunächst widerspruchsvoll, denn Klaus bittet Gott um ein andächtiges Leben, und Gott schilt ihn zur Antwort einen törichten Mann, der sich doch endlich in Gottes Willen ergeben solle! Vielleicht stellte sich Klaus in seinem Bewußtsein das fromme Leben anders vor, als es Gott mit ihm wollte[10].

Die Wolke erscheint im Mythos häufig als etwas, das archetypische Inhalte umhüllt, die aus dem Unbewußten auftauchen. Zeus und Hera

---

[9] Kirchenbuch von Sachseln, in: D., p. 469; vgl. F. BLANKE, l. c., p. 25 und p. 88.

[10] Vgl. auch F. BLANKE, l. c., p. 25: «Das Wort aus der Wolke ist also ein tadelndes, ein strafendes Wort... Eine allerletzte Unentschlossenheit, das ist Klausens Sünde. Nicht daß er sich zu sehr in die Welt verstrickt und seinen Auftrag vergessen habe, wird ihm vorgehalten – das wäre ein unbilliger Vorwurf gewesen –, sondern dies, daß er den Willen zur schwersten und letzten Entscheidung nicht aufbringe. Dessen war sich Klaus selber offenbar nicht bewußt.» Ich stimme nicht ganz mit BLANKE überein, da ich in Klausens Zögern nicht eine doch noch vorhandene «unmerkliche geheime Bindung an die Welt» vermute, sondern ein reines Nichtverstehen, wie es BLANKE oben auch andeutet. Ich vermute, daß er zu allem bereit gewesen wäre, aber eben nicht wußte, *was* gemeint war.

vereinigen sich in einer Wolke, der Menschensohn der Offenbarung Johannis erscheint auf einer Wolke. Maria gilt als die «Wolke oder Beschattung und Kühle», und zugleich sind Wolke und Nebel Erzeugnisse des Teufels, welcher den «Nebel der Unbewußtheit» vom Norden her aussendet[11]. Die Wolke stellt gleichsam etwas Potentielles dar[12], sie symbolisiert einen Archetypus in seiner relativen Unbestimmtheit, an der sich das Bewußtsein noch nicht orientieren kann. Gott hat sein wahres, «schreckliches» Gesicht dem heiligen Niklaus erst viel später unverhüllt gezeigt – in dem jetzigen Zustand hätte er es wohl nicht ertragen; aber Gott deutet ihm in dieser Wolkenvision an, daß das, was sich Klaus bewußt unter ihm vorstellte, irgendwie abweiche von der Wirklichkeit Gottes[13] in seiner unbewußten Seele. Es handelt sich um eine jener tragischen Situationen, in der man sich im Bewußtsein verzweifelt darum bemüht, das Richtige zu tun, und dabei immer wieder vom Unbewußten vorgehalten bekommt, man sei auf dem Holzwege; aber trotz dem guten Willen ist man verblendet und kann die Absicht des Unbewußten nicht verstehen. Erst eine weitere Vision Klausens zeigt dann, wie der innere Entwicklungsprozeß um einen Schritt weiter geht – nun schon bald dem dramatischen «dénouement» zuführend, bei dem er endlich die Absicht seines unbewußten Schicksals etwas deutlicher erfassen konnte.

---

[11] Vgl. C. G. JUNG, «Aion», Zürich 1950, p. 149.
[12] L. c., p. 227.
[13] «So geht es ja immer», sagt JUNG, «mit allen Dingen, die so lange gedeutet, erklärt, dogmatisiert werden, bis sie von Menschenbildern und -worten dermaßen zugedeckt sind, daß man sie nicht mehr sieht. Etwas Ähnliches scheint auch dem Bruder Klaus passiert zu sein, weshalb die unmittelbare Erfahrung mit ungeheurem Schrecken über ihn hereingebrochen ist.» «Bruder Klaus», in: Neue Schweizer Rundschau, Neue Folge, Jg. I, Heft 4 (August 1933).

DIE VISION VON DER LILIE,
DIE VOM PFERDE GEFRESSEN WURDE

WÖLFFLIN berichtet als einziger die folgende Vision des Heiligen:
«Als er nämlich zu anderer Zeit, um das Vieh zu besehen, auf die Wiese kam, setzte er sich auf die Erde und begann nach seiner Weise aus innerstem Herzen zu beten und sich himmlischen Betrachtungen hinzugeben, und plötzlich sah er aus seinem eigenen Munde eine weiße Lilie von wunderbarem Wohlgeruch emporwachsen, bis daß sie den Himmel berührte. Als aber bald darauf das Vieh (aus dessen Ertrag er seine ganze Familie erhielt) vorüberkam und er ein Weilchen den Blick senkte und sein Auge auf ein Pferd heftete, das schöner als die andern war, sah er, wie sich die Lilie aus seinem Munde über jenem Pferde niederneigte und von dem Tiere im Vorübergehen verschlungen wurde.» Bruder Klaus deutet die Vision selber in dem Sinn, daß «der für den Himmel zurückzulegende Schatz mitnichten von den nach Glücksgütern Lechzenden gefunden werden kann und daß die Himmelsgaben, wenn sie mit den Sorgen und Interessen dieses irdischen Lebens vermischt werden, ebenso wie der Same des Gotteswortes, der unter Dornen keimt, erstickt werden[1]».

Wie BLANKE hervorhebt[2], hat Bruder Klaus möglicherweise die aus dem Munde hervorwachsende Lilie auf einem Christusbilde gesehen, da diese Darstellung, bei der eine Lilie das Schwert im Munde des

---
[1] D., p. 535. Vgl. F. BLANKE, l. c., p. 20/21 und p. 84/85.
[2] L. c., p. 85.

apokalyptischen Menschensohnes ersetzt, auch auf verschiedenen Bildern in der Schweiz zu sehen war. In dieser Form ist die Lilie ein Bild der «anima Christi». Sonst wird die Braut des Hohenliedes als «Lilie in den Tälern» bezeichnet[3], und diese Stelle wurde von den Kirchenvätern auf Maria, die Mutter, Braut und Schwester Christi, bezogen[4]. Aber die Verbindung von Lilie und Pferd in der Vision des Bruder Klaus weist wahrscheinlich auch noch auf ganz andere, folkloristisch näherliegende Zusammenhänge hin: die Lilie ist nämlich im germanischen Vorstellungsbereich *die* Königsblume par excellence[5]. Sie versinnbildlicht die Gewalt und Rechtskräftigkeit des Königtums und erscheint deshalb auch in sehr vielen Königs- und Adelswappen in dieser Bedeutung. Sie ist mit den Nixen, weißen Frauen und Walküren assoziiert[6] und gehört auch zur «weißen Frau» sowie zur Göttin *Ostara,* der Schwester *Donars,* deren Namen noch in unserem Wort Ostern weiterlebt[7]. Blühende oder grünende Pflanzenstäbe, besonders die Gerte des Apfelbaumes, gelten deshalb neben der Lilie auch als Abzeichen der Königswürde, weshalb z. B. auf dem Kronjuwel *Alfreds des Großen* der König mit zwei Lilienstäben in der Hand abgebildet ist[8].

---

[3] *Cant. Cant.,* 2, 1 (*Vulgata*): Ego flos campi et lilium convallium. Vgl. hiezu C.G. JUNG, «Psychologische Typen», Zürich 1950, p. 309.

[4] Vgl. C.G. JUNG, l. c., p. 309.

[5] Vgl. M. NINCK, «Wodan und germanischer Schicksalsglaube», Jena 1935, p. 196. Sie ist das Symbol der Merowinger, dann zeigt sie sich seit dem 11. Jahrhundert in der Hand des französischen Königs und des deutschen Kaisers.

[6] So zieht das Pflücken fremder lilienartiger Blumen das Erscheinen der «weißen Frau» oder sonstiger «Jungfrauen» (Walküren) nach sich.

[7] M. NINCK, l. c., p. 223; vgl. auch l. c., p. 288 und p. 293.

[8] Vgl. M. NINCK, l. c., p. 195: «Die waltende Macht des Königs und Richters findet sich in einer Reihe von weiteren Zügen als die blühende, wachsende unterstrichen. Stab oder Zepter, das Zeichen der königlichen Amtsgewalt, heißt ahd. chuningerta, ags. cynegeard ‚Königsgerte‘, auch Hasel ... Dementsprechend sehen wir die Gerte auf den mittelalterlichen Denkmälern ... fast immer sprossend und blühend dargestellt (Fn: Beispiele: Der König mit den beiden *Lilienstäben* auf dem Kronjuwel *Alfreds des Großen* (Abbildung in E. WINCKELMANN, ‚Geschichte der Angelsachsen‘, p. 149). König *Rachis* in der Handschrift der ‚Leges Langobard.‘, 10. Jahrhundert, von S. Trinità in La Cava. Die thronende *Mathilde von Toscana* mit der Blume in der Hand, in: Cod. Vat. lat. 4922, und Pflanzenmotive. Knospen und Ranken werden gern auch an der Krone angebracht ... » Und p. 196: «Auf Grund eines antiken Symbols ... hat sich die Lilie (die weiße, die Schwert- und die Wasserlilie) als die eigentliche Königsblume herausgebildet. Bei den Merowingern zuerst das

Von solchen Amplifikationen her gesehen, ist wohl die Lilie ein Bild für die nach dem Jenseits gerichtete «königliche» und rein kontemplative Anima[9] des Bruder Klaus. Sie ist gleichsam ein Symbol seines geistigen unbeirrbaren Gottsuchens, das aus ihm wuchs wie eine Pflanze, die dem Licht zustrebt. Noch in Bruder Klausens Zeit gab es im Volk seltsame Erzählungen, wonach z. B. in Hiltisrieden 1430 bei der Grundsteinlegung eines Kaplanhauses im Boden eine Lilie (= Gilgenstock) zum Vorschein kam, die mitten aus dem Herzen eines dort ruhenden Leichnams wuchs. Später (um 1444) wurde die Geschichte an einen anderen Ort zwischen Sempach und Hiltisrieden verlegt, wo Herzog *Leopold* angeblich gefallen war, und man behauptete, die Lilie sei aus dessen Herzen gewachsen. Doch gibt es solche Sagen, wonach aus Mund oder Herz eines Toten eine Lilie wächst, auch an verschiedenen anderen Orten[10].

Man könnte deshalb vielleicht sagen, daß sich Bruder Klaus schon als Lebender so weit «abgetötet» hatte, daß diese den animalischen Tod überdauernde «Seelenblume» wunderbarerweise bereits zu seinen Lebzeiten sichtbar wurde. Vielleicht steht diese vegetative Erscheinungsform seiner Anima auch in einem Zusammenhang mit seinem Fasten, denn wie JUNG in einem Aufsatz im Heft Neue Wissenschaft[11]

Zepter krönend, ward sie allmählich selbständiges Königsabzeichen, das nicht auf die Franken allein beschränkt blieb. Siegelbilder zeigen sie seit dem 11. Jahrhundert in der Hand des französischen Königs und des deutschen Kaisers, und sie ging in unzählige Adelswappen über...»

[9] Unter «Anima» versteht man in der Psychologie JUNGS die weibliche seelische Anlage im Manne, welche in Träumen und anderen Produkten des Unbewußten oft als Frau personifiziert auftritt. Vgl. C. G. JUNG, «Von den Wurzeln des Bewußtseins», l. c., p. 57 ff., und E. JUNG, «Die Anima als Naturwesen», in: «Studien zur analytischen Psychologie C. G. Jungs», Zürich 1955, Bd. 2, p. 78 ff.

[10] Belege: Vgl. A. LÜTOLF, «Sagen, Bräuche, Legenden aus den fünf Orten», Luzern 1862, p. 374/75, und F. PFEIFFER, «Marienlegenden», Stuttgart 1846, p. 77 ff. und p. 105 f.

[11] Ed. P. RINGGER, Jg. 1950/51, Heft 7, p. 14 f.: «Ich habe natürlich dafür keinerlei Erklärung, aber ich bin geneigt, die Möglichkeit solcher Phänomene auf dem parapsychologischen Gebiet zu suchen. Ich war selber bei der Untersuchung eines Mediums für physikalische Phänomene zugegen. Ein Elektroingenieur stellte Messungen an über den Ionisationsgrad der Luft in unmittelbarer Körpernähe. Dabei ergaben sich überall normale Zahlen bis auf die Stelle an der rechten Thoraxseite, wo die Ionisierung einen rund 60-fachen Betrag des Normalen betrug. An dieser Stelle trat während der (parapsychologischen) Phänomene ein (Ektoplasma-) Fortsatz aus, der die Actio in distans ausführte. Wenn

ausführt, könnte man das Fasten Bruder Klausens auch dadurch verstehen, daß er irgendwie die Nahrung aus der Umgebung an sich zog – es wäre dies aber eine Art von pflanzlicher Existenz. An dem Wunderbaren eines solchen Fastenkönnens ist natürlich hiemit nichts weggenommen.

Die Lilie neigt sich nun in der Vision einem Lieblingspferd von Bruder Klaus zu und wird von ihm verschlungen. Nicht so sehr im biblischen als vielmehr im germanischen Vorstellungsbereich ist das Pferd noch mehr als die Lilie von höchster Bedeutung als Symbol und auch sogar eigentliche Erscheinungsform des Gottes Wotan[12], der übrigens gerade beim Pilatus, d. h. in Bruder Klausens nächster Nähe, in jener Zeit oft noch als wilder Jäger oder als Schar dunkler Rosse umherstürmte[13]. *Wotan erscheint nicht nur fast immer zu Pferd, sondern auch als Pferd*[14]. Seine Söhne hießen *Hengist* und *Horsa* (Hengst und Roß), und NINCK betont, daß «das Wesen des Gottes und seines Tieres als ungetrennte Einheit ineinander überfließt[15]». Darum galten auch, wie TACITUS sagt, bei den Germanen die Pferde mehr noch denn die Priester als die «Vertrauten der Götter[16]». Wotan wird sogar selber *Jak*

---

dergleichen Dinge stattfinden, so wäre es auch denkbar, daß Menschen in der Umgebung dieser Personen als Ionenquelle in Betracht kommen könnten, d. h. die Ernährung würde dadurch stattfinden, daß z. B. lebende Eiweißmoleküle von einem Körper in den andern wandern. Es sei in diesem Zusammenhang erwähnt, daß bei parapsychologischen Versuchen Gewichtsabnahmen bis mehrere Kilogramm während der (physikalischen) Phänomene sowohl beim Medium wie bei gewissen Zirkelteilnehmern, die alle auf Waagen saßen, festgestellt wurden...»

[12] Vgl. M. NINCK, l. c., p. 75 ff.

[13] Vgl. M. NINCK, l. c., p. 78 (nach R. CYSAT, vgl. unten): «So hatt es ouch jn diesen hohen wilden Alpen noch ander Gspenst meer. Ettlich lassen sich allein Nachts hören und sehen, ettwan ryttende, ja ouch so schynbar jn Gestallt ettlicher Personen, die man by leben kennt. Ettwann kompts den Berg und durch den Wald ufher gegen deß Pylati Seen rytten und rennen mit vollem Roßlouff, jn solcher maaß alls ob es ettlich hundert Pfärd wärent, mit solchem Doßen [Getöse] und Gwallt...» Man sagt dann im Luzernischen: «Es isch de Türst» oder «Es isch 's Wüetisheer», wenn ein Gewitter im Anzuge war; und der große schwarze Hund, den man wohl mit Feueraugen das Bachtobel herabjagen sah, wurde bezeichnenderweise einem «Wätterleich» (= Blitz) verglichen... Vgl. auch M. NINCK, l. c., p. 79–81.

[14] M. NINCK, l. c., p. 92.

[15] L. c., p. 93.

[16] TACITUS, «Germania», Kap. 10; vgl. M. NINCK, l. c., p. 93.

(Wallach) oder *Hroßharsgrani* (Roßhaarsbart) genannt[17], und umgekehrt wurden seine Namen als Pferdenamen verwendet. Allgemein psychologisch betrachtet, verkörpert das Pferd die tierische, instinktive psychische Energie[18] in reinster Essenz, eine Form der Libido, welche in ihren mythologischen Assoziationen oft das Mütterliche, das Physische, das Unterweltliche und das Geisterhafte umspielt[19]. Das Pferd neigt zu Erregungs- und Panikzuständen, und dieser Umstand wäre vielleicht deshalb speziell zu berücksichtigen, weil nicht allzulang nach dieser Vision Bruder Klaus davonzurennen versuchte ins «ellend» (Ausland), so daß hier möglicherweise ein psychologischer Zusammenhang zwischen der Vision und diesem Impuls zum Fortgehen bestehen könnte. Bruder Klaus selber sah die Tatsache, daß das Pferd die Lilie verschlang, als ein Unglück an und bewertete das Pferd dementsprechend negativ, doch übersieht er dabei, von unserer modernen Traumauffassung her gesehen, einen Umstand, nämlich daß *sich die Lilie selber zum Pferd hinabbog (incurvari!)*. Man könnte von einer «Zuneigung» der Lilie zum Pferde sprechen. Die Vision bildet ein objektives Geschehen ab[20], nämlich die Vereinigung der Pflanze mit dem Tier, dem erstere sich «zuneigt» und von dem sie einverleibt wird[21]. Die Vision veranschaulicht eine Enantiodromie eines inneren seelischen Prozesses, nämlich denjenigen Augenblick, in welchem die geistige, nach oben strebende Form des Psychischen umkehrt und sich wieder hinab ins Animalische neigt. Sie kommt aus dem Körper und geht nun

---

[17] Vgl. M. NINCK, l. c., p. 73.

[18] Vgl. C.G. JUNG, «Symbole der Wandlung», Zürich 1952, p. 478.

[19] Vgl. Belege l. c., p. 470 (Mutterbedeutung) und p. 474 ff. Über Odin als schwarzes Todesroß vgl. A. LÜTOLF, l. c., p. 44.

[20] Nach der Traumauffassung JUNGS ist ein Traum oder eine Vision eine Selbstabbildung eines unbewußten psychischen Geschehens; sie enthält in sich keine bewertende Absicht, obschon das Bewußtsein unter Umständen dies so erleben kann; vgl. C.G. JUNG, «Über die psychische Energetik und das Wesen der Träume», l. c., p. 231 ff.

[21] Das Pferd Wotans ist ein besonders gieriges Wesen: in der alten Faustsage erschien z. B. Mephisto als Roß, das dem Meister, während er mit Freunden zechte, den ganzen Heuboden leerfraß. Wie NINCK betont, ist das Pferd eigentlich Wotan und versinnbildlicht die Gier des Augenblick um Augenblick, Stunde um Stunde verschluckenden zeitlichen Abgrunds. Der klaffende Rachen des Tiers ist auch ein Bild der Zaubermacht, die sich mit gähnender Kluft auftut. «Ginschlund» ist verwandt mit «ginna»: zaubern, verlocken, betören; vgl. M. NINCK, l. c., p. 138.

wieder in einen Körper hinab, in den Körper eines Tieres, welches Bruder Klaus besonders liebt. Diese Bewegung der Lilie erinnert an die Aussage der *Tabula Smaragdina* über den alchemistischen Stein: Ascendit a terra in coelum, iterumque descendit in terram et recipit vim superiorum et inferiorum[22]. Und: Vis eius integra est, si versa fuerit in terram – Er steigt von der Erde zum Himmel empor und kehrt wieder zur Erde hinab und nimmt die Kräfte von oben und unten in sich auf. – *Seine Kraft ist vollkommen, wenn er wiederum zur Erde zurückgekehrt ist (!)*.

Faßt man die Lilie als Symbol der weltabgewandten «anima candida» auf, so ist hier angedeutet, daß letztere sich der Matrix[23] der tierisch-unbewußten Psyche (= Pferd) *von sich aus zuneigt,* um sich mit ihr zu vereinigen[24]. Das schöne Roß, dem die Lilie zustrebt, erinnert uns an das anfangs erwähnte GRIMMsche Märchen von «Ferenand getrü und Ferenand ungetrü»; denn dort findet der Heldenjunge im Schloß auf der Heide (das der Turmvision des Bruder Klaus entspricht) einen schönen, redenden Schimmel, und letzterer ist nach den Varianten mit dem unbekannten greisen Taufpaten oder mit Gott identisch. Dieses norddeutsche Märchen enthält sehr wahrscheinlich altgermanische Vorstellungen, d. h. der Schimmel erinnert an Wotans Pferd *Sleipnir,* das tatsächlich oft als identisch mit dem Gott angesehen wurde. Von solchen Amplifikationen her betrachtet, bedeutet das Verschwinden der Lilie im Pferd sogar andeutungsweise eine «unio mystica» der Seele mit dem die Gottheit darstellenden Tier.

Zunächst also *ist* die Seelenblume des Heiligen im Pferd einverleibt, und es wäre demnach zu erwarten, daß Bruder Klaus von irgendeinem Drang ergriffen würde, der dem symbolischen Wesen des Pferdes entspricht, nämlich vom Drang zu einem «Geisterritt». Nicht nur im Bereich der germanischen Mythologie spielt nämlich das Pferd die Rolle eines Geleiters in jenseitige, geistige Bereiche, auch in den Initiationsriten anderer Völker erscheint es oft als Totengeleiter und Trag-

---

[22] «Tabula Smaragdina», ed. J. RUSKA, Heidelberg 1926.
[23] Über die Mutterbedeutung des Pferdes vgl. C.G. JUNG, «Symbole der Wandlung», l. c., p. 470.
[24] Ich verdanke diese Interpretation Frau Dr. R. KLUGER-SCHÄRF.

tier zur «ekstatischen Jenseitsfahrt[25]». Auf ihm fliegt der Medizinmann, das Medium und der Schamane primitiver Völker, zum Himmel oder zur Totenwelt. Es hilt ihm, in eine andere Welt hinüberzugelangen, weshalb viele Schamanen Stöcke mit Pferdeköpfen bei sich tragen. «Der symbolische Ritt», sagt ELIADE[26], «drückt das Verlassen des Körpers und den mystischen Tod des Schamanen aus.» Ich glaube daher, daß die Pferdevision Bruder Klausens eine Ankündigung war, welche ihm mitteilte, daß seine sehnsüchtig, ekstatisch zum Himmel emporwachsende Seelenblume, d. h. sein gefühlsmäßiges Sehnen nach dem Erleben Gottes, nun emotional aktiv werden wolle und ihn zum Geisterritt ins Jenseits verführen werde. Tatsächlich wissen wir, daß Bruder Klaus einmal vom Wandertrieb und dem Davonrennenwollen des Pferdes ergriffen wurde – damals, als er nämlich von Weib und Kind Abschied nahm und ins Ausland fortwollte.

---

[25] Belege hiefür vgl. M. ELIADE, «Der Schamanismus», l. c., p. 430 ff.
[26] L. c., p. 434.

DIE VISION BEI LIESTAL

Nach ERNY RORERS Aussage hat ihm Bruder Klaus diese Episode folgendermaßen erzählt[1]:
«wie er einist in der meynung vom land gangen sye, sin wyb, kind und guot zuo verlassen und sin leben im ellend zuo volenden, und als er dozuomal gen Liechtstall keme, düchtte in, wie er die selb stat und alles das darinne was, gantz rott sye, dorab er erschrocken und deshalben were er angends [sofort] doruß uff ein einlitzen [einzelnen] hoff gangen zuo eim puoren, dem er nach mengerley red sin willen zu verstan geben, doran der selb pûr nit gefallens hette, sûnder im das widerriette und meint, er sollte wider heim gan zu den synen und daselbs gott dienen, das wurde gott empfengklicher sin, dann uff andren frömden lütten zuo ligen, und im rüwiger werden, uß der ursach, das er ein Eyttgenoß, dennen aber nit yedermann glich hold were. Darumb er auch eins wegs der selben nacht us des puren huß gangen uff das veld. Do läge er die nacht by eim zûn und als er entschlieff, do keme ein glantz und ein schin vom hymel, der tette inn am buch uff, dovon bescheche im so we, als ob in einer mit eim messer uffgehüwen hette und zeigte im, das er wider heim und in Ränft gan solt, als er ouch angendz [sofort] fru tette[2].» Er ging dann aber nicht etwa heim zu seinem Fami-

---
[1] D., p. 463, fast wörtlich gleich bei HEINY AM GRUND, D., p. 466, und kürzer bei O. YSSNER, D., p. 468. Vgl. F. BLANKE, l. c., p. 89.
[2] Vgl. auch D., p. 466, die Aussage von HEINY AM GRUND: «Er [Bruder Klaus] hab im ouch geseyt: als er einist wöltte in das ellend gan und gen Liechtstall keme, düchtte in die

lienwohnhaus, sondern auf eine Alp, genannt Klisterli, im oberen Melchtal. ERNY RORER berichtet darüber[3]:

«und als er heim kame, hette er sich im Melchtal enthaltten [aufgehalten] acht tag in dicken tornen und in einer vast wilden gehurst [Gestrüpp] gewonet, und als die lütt solichs vernommen, hetten sy in überlouffen und im viel unrüwen angestattet.»

Nach WÖLFFLINS Bericht[4] findet ihn dann dort sein Bruder, der ihm zuredet, sich nicht so auszuhungern, und er entschließt sich daraufhin, in den Ranft zu gehen und sich dort mit Hilfe einiger Freunde eine Klause zu bauen – am 16. Oktober 1467, in seinem fünfzigsten Lebensjahr[5].

Es wird meistens behauptet, Bruder Klaus habe zu den Gottesfreunden ins Elsaß gehen wollen, aber wie BLANKE richtig betont, geht dies aus den Originalquellen nirgends eindeutig hervor[6]. Mir scheint es wahrscheinlicher, daß es ihn einfach gepackt hat, fortzugehen ohne Ziel. Jedenfalls tut dies Wotan manchmal den ihm Begegnenden an. Eine vom Luzerner R. CYSAT aus dem 16. Jahrhundert überlieferte Geschichte erzählt z. B.[7], wie ein Entlebucher Bauernsohn nach einem Geldstreit mit seinem Vater plötzlich auf der sogenannten Bramegk einen lustigen, «wolgebuzten» Kriegsmann (das ist Wotan) antrifft. Dieser fragt ihn nach seinem Kummer und bietet ihm Geld und Gefolgsmöglichkeiten an. Da befällt den Burschen plötzlich ein Drang,

---

selb stat und alles das dz darin were, gantz rott sin, darumb er angends da dannen gieng uff ein einlitzen hoff zuo eim puren, dem er under anderm sin fürnemen zuo erkennen gebe, das im aber der selb pur gewert und geratten hette, er sollte wider harheim gan zuo den sinen und daselbs gott dienen, das were im weger, denn uff frömden lütten zuo ligen, denn er möchte ouch daheim me rüwen han uß der ursach, das er ein Eytgenos, denen nit yederman hold were, daruff er ouch angends desselben abends us des puren huß gangen und die nacht uff dem feld by ein zün gelegen, und als er entschlafen was, do were ein Glantz und ein schin vom hymel komen, der tette inn am bůch uff, davon im so we bescheche, als ob in einer mit eim messer uffgehüwen hette und zögte im das, dz er wider heim in Ranfft gän und dasselbs gott dienen sollte, als er ouch getän hette.»

[3] D., p. 463; vgl. F. BLANKE, l. c., p. 91/92.
[4] D., p. 540; vgl. F. BLANKE, l. c., p. 92.
[5] D., p. 27; v. p. F. BLANKE, l. c., p. 92.
[6] F. BLANKE, l. c., p. 91, Anm. n. p. 29. Zu Bruder Klausens Beziehungen zu den Gottesfreunden vgl. auch Otto Karrer: «Eine unbekannte Nachricht über Niklaus von Flüe», Schweiz. Rundschau, Jahrg. 27 1927/28, Benziger, Einsiedeln, p. 258—62.
[7] R. BRANDSTETTER, «Die Wuotansage im Kanton Luzern», Der Geschichtsfreund, Bd. 62, I, Sarnen 1907, p. 139. Dasselbe als «Luftreise», l. c., p. 131; vgl. auch NINCK, l. c., p. 78 ff.

unablässig zu wandern: es war ihm «nit anderst alls müeße er gan – nur fort – nur fort». Er hörte nicht auf, bis er nach Einsiedeln kam, wo ihn ein paar Unterwaldner auf der Straße erkannten und überredeten, heimzukehren. Er mußte aber zuerst ein paar Tage in Einsiedeln bleiben, bis er wieder zur Vernunft gekommen war und – wie es heißt – «sich selbst empfinden konnte». Ich vermute, daß es Bruder Klaus ähnlich ging, daß es ihm war, als müsse er einfach fort, aus allem heraus, ohne daß er zunächst ein bestimmtes Ziel vor Augen hatte – eine nach außen projizierte Sehnsucht nach Befreiung und ein Wunsch nach dem klassischen «Geisterritt» des Medizinmannes. Die rote Farbe, in die er dann plötzlich die Stadt Liestal und die Umgebung vor seinen Augen gebadet sieht, wirkte auf ihn sehr erschreckend. Man muß daher wohl zunächst der negativen Bedeutung der roten Farbe nachgehen, um das Motiv richtig zu verstehen. An sich wird Rot meistens mit Feuer und Blut assoziiert[8] und deutet daher auf Emotionalität und leidenschaftliche Gefühle hin[9]. Im alten Ägypten galt Rot als die Farbe der «bösen Leidenschaft», des Gottes Seth. Die in Rot getauchte Welt suggeriert Krieg und Blutvergießen. Die germanischen Walküren prophezeien Kampf in folgenden Versen[10]: «Das Werk ist gewoben / die Walstatt ist rot / Volksverderben fährt durch das Land / Blutige Wolken / wandern am Himmel / Rot ist die Luft / von der Recken Blut...» Rote Farbe *und rote Fäden werden vielenorts zum Schadenzauber verwendet*[11]. Besonders ist dabei Rot auch die Farbe des Todes. ARTEMIDOR sagt[12], daß die Purpurfarbe eine «sympatheia» zum Tode besitze; und im alten Griechenland wurden die Toten in Purpur gehüllt begraben und die Sarkophage mit Mennige ausgemalt[13]; bei vielen primitiven Stämmen

---

[8] Es ist fast eine stehende Sentenz in der Bruder-Klausen-Tradition geworden, daß er Liestal *rot von einer Feuersbrunst* gesehen habe (JOURNET, LAVAUD, MOJONNIER und andere), doch ist dies eine rationalistische Erfindung der Kommentatoren, in den Quellen steht *nichts* von Feuer.

[9] Vgl. C.G. JUNG, «Von den Wurzeln des Bewußtseins», l. c., p. 359/60 und p. 573.

[10] Vgl. M. NINCK, l. c., p. 183.

[11] Vgl. E. WUNDERLICH, «Die Bedeutung der roten Farbe im Kultus der Griechen und Römer, erläutert mit Berücksichtigung entsprechender Bräuche bei anderen Völkern», Gießen 1925 (Religionsgeschichtliche Versuche und Vorarbeiten), p. 14 ff. und p. 79 ff.

[12] I, 77, zit. E. WUNDERLICH, l. c., p. 46.

[13] E. WUNDERLICH, l. c., p. 49 ff.

wurden sogar die Leichen selber rot gefärbt[14]. Rot war aber auch die Kriegstracht vieler Völker und bedeutete recht eigentlich das kriegerische Wesen[15].

In seinen positiven Bedeutungszusammenhängen hingegen gilt Rot als die Farbe des Lebens, sie zeigt das «Mana» eines Wesens an[16] und bedeutet auch Unsterblichkeit und Heilkraft[17]. In dem Liestal-Erlebnis des Bruder Klaus erscheint das Rote außen in der Projektion als Farbe der Welt, d. h. das Thema «Welt», Menschenansammlung (Stadt), ellend = Ausland, ist gleichsam *geladen mit zerstörerischer Emotion*. Es wäre demnach zu vermuten, daß Bruder Klaus eine sehr tiefe Leidenschaftlichkeit besessen hätte, die sich bei einer Berührung mit der äußeren Welt negativ hätte entladen können, und daß dies einer der Gründe war, weshalb ihn das Unbewußte zur völligen Abgeschlossenheit zwang. Es gibt möglicherweise einen anderen Hinweis für diese Vermutung: HANS SALAT (1535/1537) berichtet nämlich in seiner Biographie[18]: als Bruder Klaus einmal im Rat und Gericht seiner Kirchgemeinde saß und einer unglimpfliche Reden wider das Recht losließ, da sah Bruder Klaus, wie diesem «feurige Flammen in schrecklicher Gestalt» aus dem Munde schlugen. Deshalb beschloß er, alle weltliche Ehre und Gewalt zu meiden, «weil sie so streng und untadelig zu handhaben wären[19]».

Obgleich diese Vision sicher auch auf der Objektstufe[20] zutrifft, so reagiert doch Bruder Klaus offenbar besonders empfindlich auf «weltlich» orientierte Emotionalität, so daß man annehmen könnte, daß letztere eine Gefahr für ihn selber hätte werden können, wenn er sein zu intensives Temperament nach außen hätte strömen lassen. Dies

---

[14] E. WUNDERLICH, l. c., p. 51.
[15] L. c., p. 73 ff.
[16] Über diesen Begriff vgl. oben.
[17] L. c., passim.
[18] D., p. 677; vgl. auch D., p. 18 und Fußnote 5.
[19] Vgl. A. STOECKLI, l. c., p. 13/14.
[20] Unter Objektstufe versteht man psychologisch, daß der Traum oder die Vision etwas Äußeres, vom Träumer relativ psychologisch Unabhängiges abbildet, also hier z. B. das dem Höllenfeuer Verfallensein dieses Mannes; auf der Subjektstufe stellt es ein innerseelisches Geschehen dar, hier z. B. daß ein Teil (der Schatten) des Bruder Klaus dem Feuer der Leidenschaft erlegen ist.

hätte sich z. B. in einer ständigen inneren Empörung über die Mißstände in seiner Umgebung äußern können, die ihn rastlos gemacht und innerlich «aufgefressen» hätten. Wer immer eine so leidenschaftliche Natur besitzt, scheint nämlich von Dissoziation durch innere oder äußere Ereignisse besonders bedroht. Die Beherrschung der eigenen Leidenschaften wird auch im Norden von den Schamanen verlangt. Die Jakuten z. B. schreiben vor, daß ihr Schamane ernst und taktvoll sein solle, vor allem darf er sich nicht anmaßend oder aufbrausend zeigen. «Man muß in ihm eine innere Kraft spüren, die nicht erschreckt, gleichwohl sich ihrer Macht bewußt ist[21].» Zugleich wird fast überall auf der Welt den Medizinmännern eine Verwandtschaft mit den Schmieden und *Macht über das Feuer* zugeschrieben[22]. Ihr «Mana» wird oft als «brennend» bezeichnet; sie besitzen eine schöpferische innere Hitze[23] sowie Unempfindlichkeit gegen äußere Hitze oder Kälte. Die Glut, welche Bruder Klaus so erschreckend in dem Ungerechten erblickte, könne ihn daher vielleicht gerade deshalb so beeindruckt haben, weil sie das negative Gegenstück zu ihm selber sowie auch eine destruktive Entwicklungsmöglichkeit seiner selbst (Schatten) symbolisierte, der er nur durch seinen Verzicht auf alle weltliche Macht entging. Durch seinen Rückzug von der Welt hat er gleichsam instinktiv die heilende Gegenmaßnahme gefunden, das Sich-mit-sich-selber-Einsperren bzw. die innere Konfrontation mit dem «Roten», das ihn damals außen in der Welt bedrohte. Diese rote Farbe entspricht wohl jenem Feuer, das nach außen gewendet zerstört, hingegen nach innen gewendet zum «ignis noster» der Alchemisten wird, von dem ein Text, die berühmte «Turba philosophorum», sagt[24]: «Aus dem in roten Geist

---

[21] Zit. nach M. ELIADE, l. c., p. 39.
[22] Vgl. M. ELIADE, l. c., p. 435.
[23] L. c., p. 439.
[24] Ed. J. RUSKA, p. 201; vgl. C.G. JUNG, «Von den Wurzeln des Bewußtseins», l. c., p. 169, Fußnote: «Entgegen RUSKA (p. 201, Note 3) halte ich an der Lesart der Manuskripte fest, weil es sich bei diesem ‚Geist' um ein Synonym der feuchten Seele des Urstoffes, des ‚humidum radicale', handelt. In diesem Sinne ist ein anderes Synonym des Wassers *spiritualis sanguis* (l. c., p. 129), welches RUSKA mit Recht zu πυρρὸν αἷμα (feuerfarbenes Blut) der griechischen Quellen stellt, usw. Der Mercurius heißt oft φάρμακον πύρινον.» (Diese Erläuterungen zeigen auch eine Sinnverbindung zwischen dem «Roten» und dem «heiligen Öl» in Bruder Klausens Visionen.)

verwandelten Zusammengesetzten aber entsteht das ‚principium mundi'» (der Anbeginn oder das Grundprinzip, das ist die Archē der Welt[25]). Nach der Verinnerlichung des «Roten» ist auch für Bruder Klaus eine neue Welt, nämlich seine neue Lebensform als Waldbruder, entstanden. Aber in der Liestal-Episode ist das Rote noch außen sichtbar und schreckt ihn vom Weitergehen in die Welt zurück.

In seiner Not geht er hin und fragt auf einem einsamen Bauernhof den Besitzer um Rat, und jener sagt ihm, er solle lieber daheim Gott dienen, denn die Eidgenossen seien im Ausland nicht beliebt. Bruder Klaus fügt sich dem Rat willig wie ein Kind. Das ist eine der seltsamsten und vielleicht bewundernswertesten Eigenschaften des Bruder Klaus, daß er in Momenten entscheidender Gefahr sich buchstäblich in größter Einfachheit der Wirklichkeit unterwarf: als ihn viel später die schreckliche Gottesvision heimsuchte, rettete er sich dadurch, daß er sich einfach zur Erde warf – und bei der Liestal-Vision ordnet er sich dem Rat eines unbekannten, einfachen Bauern unter. Fühlend, daß er offenbar verwirrt und zu weit vom Instinkt abgewichen war, als daß er noch selber die Situation richtig hätte beurteilen können, bittet er den Bauern wie ein Orakel um Leitung und nimmt seinen Rat ohne weiteres Argumentieren an. In solchen Momenten erscheint an ihm eine göttliche Eigenschaft, welche die Alchemisten die «res simplex[26]» und den «homo simplicissimus[27]» genannt haben: *die Fähigkeit der völligen Einfachheit und Spontaneität des Handelns aus der inneren Ganzheit heraus.* Ein ähnlicher «homo simplex» leuchtet auch in gewissen «Koans» des Zen-Buddhismus auf[28]. Es erscheint dies gleichsam als eine Manifestation

---

[25] Oder (nach RUSKA) «des Wissens».

[26] Vgl. C.G. JUNG, «Psychologie und Alchemie», Zürich 1944, p. 360.

[27] Vgl. BERNHARDUS TREVISANUS, «Parabel von der Fontina», in: J.J. MANGETI, «Biblioteca Chemica Curiosa», Genf 1702, Bd. 2, p. 388 f. Dort ist es ein «homo simplicissimus», der als einziger die Erneuerung des Königs im Quell bedienen und sehen darf. Die «res simplex» meint eigentlich das Göttliche.

[28] Unter «Koan» versteht man eine paradoxe Frage, Äußerung oder Handlung des Zen-Meisters, durch welche dem Schüler «Sartori» = Erleuchtung vermittelt wurde und die deshalb weitererzählt wird. Das Anliegen der Zen-Meister scheint es zu sein, dem Schüler besonders einen «Blick in die eigene Natur», in das Wesen des «ursprünglichen Menschen» und in die Tiefe des eigenen Wesens zu vermitteln. Vgl. C.G. JUNGS Geleitwort zu D.T. SUZUKI, «Die große Befreiung», Leipzig 1939, p. 24–26.

des Göttlichen im Menschen, oder, wie Jung sagt[29], eine Antwort der Natur im Menschen, die das Bewußtsein unmittelbar zu erreichen vermag.

Nach H. Wölfflin und H. Salat[30] heißt es im Parallelbericht über diese Episode, daß es ihn wie mit einem *Seil* in den Ranft zurückzog. Dieses Motiv ist bedeutsam, denn das Seil kommt in den Initiationsriten und in den Praktiken der Medizinmänner der zirkumpolaren Völkerschaften, der Schamanen, häufig vor[31], ist aber auch in vielen anderen Kulturbereichen bezeugt. So wurde auf den tibetanischen Königsgräbern ein Seil abgebildet, um auszusagen, daß der König nicht starb, sondern zum Himmel aufstieg[32]. Gewisse Priester konnten mit Seilen die Toten zum Himmel aufsteigen lassen[33], so daß sie sich «die Besitzer des himmlischen Seils» nannten. Andererseits galten gewisse Götter als «bindend[34]», so daß das Seil auch die *definitive seelische Verpflichtung an eine Gottheit* symbolisieren kann. Das Seil scheint im allgemeinen eine überpersönliche, objektive Sinnverbindung mit dem «Jenseits» (= kollektiven Unbewußten) darzustellen[35]. In seinem Instinktaspekt symbolisiert es gleichsam das «Heimatgefühl», in seinem geistigen Aspekt hingegen[36] eine verpflichtende und unauflösliche Verbundenheit mit der Grundlage des Unbewußten[37].

Der Traum der nachfolgenden Nacht scheint zu bestätigen, daß des Bauern und Bruder Klausens Entschluß richtig war, denn in ihm erscheint ein Glanz am Himmel und tut Bruder Klaus den Bauch auf,

---

[29] L. c., p. 26.
[30] D., p. 540, und D., p. 678.
[31] Vgl. M. Eliade, l. c., p. 404 f.
[32] M. Eliade, l. c., p. 404/05.
[33] L. c., p. 405.
[34] Beispiele l. c., p. 399.
[35] Das Seil ist wie eine Leiter oder Brücke, über welche die Seele ins Jenseits geht, welch letzteres oft ein «verlorenes Paradies» ist. Dieselbe Idee findet sich auch in Tibet wieder; vgl. M. Eliade, l. c., p. 404 ff.
[36] Vgl. über den Archetypus als «Sinn»-Aspekt des Instinktes C. G. Jung, «Von den Wurzeln des Bewußtseins», l. c., p. 559 und passim.
[37] Bei den *Hopi*-Indianern ist bei ihren meisten Zeremonien eine Baumwollschnur an die «prayer-sticks» befestigt, welche die Verbindung der Hopi mit der Geisterwelt symbolisiert. Vgl. R. D. Simpson, «The Hopi Indians», Southwest Museum Leaflets, Nr. 25, 1953, p. 26/27: «Attached to the prayer-stick is a breathfeather and a long cotton string which always symbolizes communication between the Hopi and the Spirit-world.»

wie mit einem Messer. Dieser «Schyn» oder «Glanz» am Himmel steht sehr wahrscheinlich in Zusammenhang mit dem Stern, welchen der Heilige im Mutterleib sah und der ihn jetzt gleichsam *persönlich erreicht*. Das «principium individuationis» berührt das individuelle Ich, und zwar am Bauch, dem Sitz des Begehrens und tieferer, seelischer Emotionen[38]. Es ist eine plötzliche Erleuchtung, die ihn befällt, aber nicht im Kopf, sondern in der Tiefe der animalischen Persönlichkeit. Das Licht bedeutet, wie JUNG[39] sagt, eine «Erleuchtung»; «es ist ein erleuchtender Einfall». – Es handle sich in ihm um eine beträchtliche psychische Energiespannung, welche offenbar einem sehr wichtigen unbewußten Inhalt entspricht. Später offenbart sich dieser Inhalt als jene große Urerfahrung Gottes, die ihn vor seinem Tode heimsuchte; aber in dieser Phase seines Lebens gibt sich das Licht noch nicht genauer zu erkennen, es «berührt» ihn nur emotional und bewirkt seinen definitiven Rückzug von der Welt. Der Individuationsprozeß bzw. das Selbst, das bisher ganz in den Außenraum projiziert erschien[40], ergreift ihn, und das nächste Resultat ist die Realisierung, daß er heim und in den Ranft gehen solle. Auch hierin fühlt man sich an das Erleuchtungserlebnis gewisser Zen-Buddhisten erinnert, über welches ein Meister (Shih-shuang) einmal sagte[41]: «Verwandle Leib und Geist in ein unbelebtes Stück Natur wie ein Stein oder ein Stück Holz; wenn ein Zustand vollkommener Bewegungslosigkeit und Insichgekehrtheit erreicht ist, wird jedes Zeichen von Leben verschwinden und damit auch jede Spur von Grenzen... und siehe, in einemmal wird eine Fülle von Licht in dich strömen. Es ist wie ein Strahl, der durch dichtes Dunkel fährt... Hier offenbart sich das von aller Sophistik freie Selbst, *das*

---

[38] Über die Bedeutung des «Bauches» im archaischen Denken vgl. z. B. R.B. ONIANS, «The Origins of European Thought about the Body, the Mind, the Soul, the World, Time and Fate», Cambridge University Press, 1951, p. 84 ff.

[39] Neue Schweizer Rundschau I, Heft 4 (August 1933), l. c.: «Licht bedeutet ‚Erleuchtung‘, es ist ein erleuchtender ‚Einfall‘. Wenn wir ganz vorsichtig formulieren wollen, so müssen wir sagen, daß es sich um eine beträchtliche psychische Energiespannung handelt, welche offenbar einem sehr wichtigen unbewußten Inhalt entspricht. Dieser Inhalt ist von übermächtiger Wirkung und schlägt das Bewußtsein in Bann. Dieses übermächtige Objektiv-Psychische ist zu allen Zeiten «Daimon» oder «Gott» genannt worden...»

[40] Z. B. als Stern im Kosmos.

[41] Zit. aus: «Die große Befreiung», l. c., p. 64. Die Hervorhebungen sind von mir.

ursprüngliche Antlitz deines Wesens. Hier zeigt sich unverhüllt *die herrliche Landschaft deiner eigentlichen Heimat*. Es gibt nur einen geraden Weg, der offen und ohne Hindernis durch und durch führt, und du kannst ihn betreten, wenn du alles hingibst...» Mir scheint die Heimkehr des Bruder Klaus auch *symbolisch* bedeutsam zu sein im Sinn einer Zuwendung zur «Landschaft der eigentlichen Heimat» und nach innen zu seinem eigentlichen Wesen.

Die «Erleuchtung» hat in seiner Vision zugleich den Charakter einer äußerst schmerzhaften Verletzung. Die nächsten Parallelen hiezu finden sich wieder im nordischen Schamanismus und im weiteren in den Medizinmann-Weihen vieler primitiver Völker. Wie MIRCEA ELIADE hervorhebt[42], geht der Erwählung eines Schamanen meistens eine seelische Krise voraus, und oft deuten die Götter ihre Wahl dadurch an, daß sie den zukünftigen Schamanen mit dem Blitz treffen, oder sie zeigen die Erwählung durch den Fall eines Meteorsteins (!) in nächster Nähe des Novizen an[43]. Fast immer besteht aber der Initiationsritus in einer Zerstückelung oder lokalen Zerschneidung des Novizen[44], wobei in der Mehrzahl der Fälle einzelne innere Organe «erneuert» werden. Auch bei manchen australischen Eingeborenen besteht die Medizinmann-Initiation u. a. darin, daß ein Medizinmann dem Initianten den Bauch öffnet und ihm Steinchen, welche magische Kraft enthalten, einsetzt[45]; oder der Medizinmann wirft eine unsichtbare Lanze auf den Novizen, die ihm den Nacken durchschneidet[46].

Bei der Einweihung erhält der sibirische Schamane auch seinen «Schutzgeist», der u. a. sein «Blitz» oder seine «Erleuchtung» heißt; denn, so sagen sie[47], der «angakok» (Schutzgeist) bestehe «aus einem geheimnisvollen Licht, welches der Schamane plötzlich in seinem Körper, im Inneren seines Kopfes, im Herzen seines Hirns verspürt...,

---

[42] «Der Schamanismus», l. c., p. 46.
[43] Eine sibirische Frau wurde Schamanin, als ihr ein Feuerball in den Leib fuhr. Auch Verletzungen galten häufig als Zeichen der Erwählung; l. c., p. 32.
[44] L. c., p. 50 und 62 ff.
[45] L. c., p. 57.
[46] L. c., p. 87.
[47] Zit. p. 70.

ein leuchtendes Feuer, das ihn in den Stand setzt, im Dunkeln zu sehen, und zwar im wörtlichen und übertragenen Sinn; denn fortan ist es ihm möglich, sogar mit geschlossenen Augen durch die Finsternisse zu sehen und künftige Dinge und Ereignisse wahrzunehmen, die den anderen Menschen verborgen sind; so kann er ebensowohl die Zukunft erkennen wie die Geheimnisse der Mitmenschen.» Das in so vielen Initiationsriten wiederkehrende Motiv der Zerstückelung oder Verletzung bedeutet psychologisch eine Läsion oder Verwundung des natürlichen unbewußten Ich, auf das sich das Selbst wie eine Last niederschlägt (Christophorus-Motiv). Eine schöne Parallele hierzu bildet *Gilgameschs* Traum[48] im gleichnamigen Epos, jener Traum, der ihm, dem Sonnenhelden, die Schicksalsbegegnung mit *Enkidu,* dem sterblichen, «wirklichen» Menschen, ankündigt: er träumt, er sehe die Sterne am Himmel wie eine Schar Krieger, und einer fällt auf ihn herab[49]. Später träumt er, daß ein Berg auf ihn falle[50]. Wie Frau Dr. R. KLUGER-SCHÄRF dies interpretiert hat[51], zeigt der Traum denjenigen Moment an, in welchem Gilgamesch beginnt, in den Individuationsprozeß verwickelt zu werden. Auch hier sind das Motiv des Sterns und des Felsblocks oder Steins miteinander verbunden wie in Bruder Klausens vorgeburtlichen Gesichten. Auch die Visionen des ägyptischen Alchemisten ZOSIMOS VON PANOPOLIS (3. Jahrhundert n. Chr.) bilden hiefür ein Beispiel einer solchen Verwundung des Ich[52]. In der wichtigsten Partie seiner Vision[53] erblickt ZOSIMOS einen Prie-

---

[48] Vgl. A. HEIDEL, «The Gilgamesh-Epic and Old Testament Parallels», Chicago 1949, p. 93 und p. 46/47.
[49] Vgl. A. HEIDEL, l. c., p. 26: «Gilgamesh arose to reveal the dream... "Last night I felt happy and walked about among the heroes. There appeared stars in the heavens. The host of heaven fell down towards me. I tried to lift it, but it was too heavy for me. I tried to move it, but I could not move it."» Die Mutter deutet den Traum als Hinweis auf das Kommen *Enkidus.*
[50] L. c., p. 46: «I have seen a second dream.... In my dream, my friend, a mountain toppled. It struck me, caught my feet.... The light became glaringly strong, a unique man appeared.... He pulled me out.»
[51] In einer bisher unveröffentlichten Arbeit.
[52] Vgl. C.G. JUNG, «Von den Wurzeln des Bewußtseins», l. c., besonders p. 463 ff.; vgl. auch p. 324.
[53] L. c., p. 140 und p. 253.

ster, der auf einem Schalenaltar steht und spricht: «Ich bin Jon⁵⁴, der Priester der innersten verborgenen Heiligtümer, und ich unterziehe mich einer unerträglichen Strafe. Denn es kam einer um die Morgenfrühe in eilendem Laufe, der überwältigte mich und zerteilte mich mit dem Schwert...» Hierauf verändert sich der Priester unter Qualen weiter und verwandelt sich vor Zosimos' Augen in ein Geistwesen (πνεῦμα). Dieses Motiv bedeutet die alchemistische «separatio» und weist auch viele Parallelen in primitiven Riten auf. Wie C. G. JUNG dargelegt hat, dienen solche primitive, grausame Zerstückelungsriten eigentlich dem Zweck, den Initianten als einen neuen und wirksameren Menschen herzustellen. Die Einweihung hat dabei sogar den Aspekt einer Heilung – sie ist keine Strafe, wie es ZOSIMOS in der Deutung seiner eigentlichen Vision behauptet, sondern *der hylische, im Stoff gefangene Mensch, der noch unbewußt ist, bedarf der Wandlung und Erleuchtung, und zu diesem Zwecke muß er zerlegt werden, was in der Alchemie als «divisio», «separatio», «solutio» bezeichnet wird und einen Akt der Diskrimination und Selbsterkenntnis bedeutet*⁵⁵, indem «jeder Schritt vorwärts auf dem Wege der Bewußtwerdung nur durch Leiden zu erlangen ist». Darum erlebt es der Mensch als Qual und sogar Tod, wenn er mit dem Individuationsprozeß in bewußtere Berührung kommt.

Genauer genommen ist es aber zuerst nicht das Ich, sondern das Selbst, welches als verwundet erscheint (Christus, Wotan, Jon, der merkurialische Drache usw.), und erst wenn das Selbst sich im Menschen verwirklicht, beginnt letzterer an dessen Qual teilzunehmen⁵⁶.

---

⁵⁴ JUNG bemerkt, daß sich dieser «*Jon*» schon in der sabäischen Tradition findet als *Junan ben Merqulius* (Sohn des Merkur). Meines Erachtens dürfte dieser Jon des *Zosimos* und der Sabäer identisch sein mit dem *Joun-mutef*, dem obersten Einweihungspriester des ägyptischen Totenrituals. Er ist der Sohn des *Thot* (= *Hermes-Mercur*). Vgl. A. MORET, «Mystères égyptiens», Paris 1927, p. 75 ff.
⁵⁵ Vgl. C. G. JUNG, «Von den Wurzeln des Bewußtseins», l. c., p. 250 f. und p. 317.
⁵⁶ Vgl. C. G. JUNG, «Von den Wurzeln des Bewußtseins», l. c., p. 328: «Vereinzelt ist nur das subjektive Bewußtsein. Wenn dieses aber auf seine Mitte bezogen ist, dann ist es dem Ganzen integriert. Wer mittanzt im Reigen, sieht sich im spiegelnden Zentrum, und das Leid des einzelnen ist jenes, das der, welcher in der Mitte steht, ‚leiden will'. Man könnte die paradoxe Identität und Verschiedenheit von Ich und Selbst wohl nicht schöner und treffender ausdrücken.»

Insofern die Individuation nämlich, wie JUNG sagt[57], «eine heroische oder tragische, d. h. eine schwerste Aufgabe darstellt, bedeutet sie Leiden, eine *Passion des Ich,* d. h. des empirischen, gewöhnlichen bisherigen Menschen, dem es zustößt, in einem größeren Umfang aufgenommen und seiner sich frei dünkenden Eigenwilligkeit beraubt zu werden. Er leidet sozusagen an der Vergewaltigung durch das Selbst[58]. Demgegenüber bedeutet die analoge Passion Christi das Leiden Gottes an der Ungerechtigkeit der Welt und der Finsternis des Menschen. Das menschliche und das göttliche Leiden bilden zusammen eine Komplementarität mit kompensierendem Effekt: durch das Symbol kann der Mensch die wirkliche Bedeutung seines Leidens erkennen: er ist auf dem Wege zur Verwirklichung seiner Ganzheit, wobei sein Ich zufolge der Integration des Unbewußten ins Bewußtsein in den ‚göttlichen Bereich' tritt. Dort nimmt es teil am ‚Leiden Gottes', dessen Ursache die ‚Inkarnation', d. h. eben jener selbe Vorgang ist, der auf der menschlichen Seite als Individuation erscheint.» Deshalb sagt in den Johannesakten Christus zu JOHANNES[59]: «Wenn du in [meinem Reigen mit-] tanzest, bedenke, was ich tue, daß es dein [Leid] ist, dieses Menschenleid, welches ich leiden will.»

Letztlich liegt somit ein Wandlungsvorgang im Gottesbild dahinter, an welchem der Mensch – soweit er sich Gott annähert – teilzunehmen beginnt. Bruder Klaus war eben ein tief religiöser Mensch mit einer instinktiven Bezogenheit auf Gott, und ein solcher ist, wie JUNG sagt, «für einen alles Persönliche überschreitenden Einbruch offengelegt», aber zugleich ist ihm auch «die Möglichkeit zu einer ungewöhnlichen Bewußtseinsausweitung» in die Wiege gegeben[60].

---

[57] In: «Symbolik des Geistes», l. c., p. 385/86.
[58] Fußnote l. c.; vgl. dazu *Jakobs* Kampf mit dem Engel an der Furt.
[59] Zit. «Von den Wurzeln des Bewußtseins», l. c., p. 320.
[60] «Antwort auf Hiob», l. c., p. 139.

DER RÜCKZUG IN DEN RANFT

Nach dem Lichterlebnis von Liestal geht Bruder Klaus heim und verkriecht sich in einem Gestrüpp, bis ihm sein Bruder zuredet, sein Fasten und sein Leben im Walde aufzugeben. Da kommt er irgendwie zum Entschluß, sich mit Hilfe seiner Freunde eine Einsiedlerklause im Ranft zu bauen. ERNY RORER berichtet[1], der Ort hiezu sei ihm folgendermaßen angegeben worden: er habe «gesechen vier heittre liechter vom hymel komen, zeigende die stat, dahin man im ein wonung und ein cappel büwen sollte, als man ouch uff sin begerung und nach siner offenbarung gethan[2]». Seine Gattin und seine Kinder gaben ihm ihre Einwilligung, sich derart zurückzuziehen[3], und sie blieben im Frieden darüber und besuchten ihn öfters, meistens am Sonntag, in seiner Klause[4]. Er fühlte sich aber nie versucht, zu ihnen zurückzukehren[5]. Mit jenem Lichterlebnis beginnt auch sein völliges Fasten, das er bis zum Tode

---

[1] D., p. 463.
[2] Nach WÖLFFLIN (D., p. 540) sind es vier Lichter *wie Kerzen;* vgl. auch D., p. 429: «Vidit enim caelos apertos et quatuor fulgurantia descendere lumina in vallem istam, ubi sua in adolescentia egregiam... vidisset turrim..., Consulto itaque suo patre spirituali mansit in illo loco silvestri...» Vgl. auch A. STOECKLI, l. c., p. 13.
[3] D., p. 27 ff., am 16. Oktober 1467, zwanzig Jahre vor seinem Tode. In seinem Haushalt lebten wahrscheinlich noch sein Vater, HEINRICH VON FLÜE, und ein Bruder, PETER VON FLÜE; der älteste Sohn HANS war zwanzig Jahre alt, seine Frau um vierzig, sein jüngster Sohn NIKOLAUS war erst sechzehn Wochen alt.
[4] D., p. 38, p. 87, p. 141–143 und p. 547.
[5] D., p. 38; vgl. CH. JOURNET, l. c., p. 17.

einhielt. Natürlich fehlt es nicht an Stimmen, die den Heiligen der Absonderlichkeit bezichtigten[6]; aber wie JUNG betont[7], darf man Klaus nicht mit einem Sonderling vergleichen, der sich misanthropisch verkrochen hat, sondern man muß den Grund seines Rückzuges in jenem seltsamen Innenleben suchen, das sich in seinen Visionen andeutet. Es sind dies eben Erlebnisse und Erfahrungen, die ihm mehr wert erscheinen als das gewöhnliche menschliche Dasein und die ihm nicht nur Gegenstand seines täglichen Interesses waren, sondern auch «die Quelle seiner geistigen Lebendigkeit». Dieselbe Diskussion wie diejenige um die geistige Gesundheit des Bruder Klaus hat sich nicht nur um die Gestalt anderer Heiliger erhoben, sondern ist auch von den Ethnologen bezüglich der Medizinmänner und Schamanen primitiver Kulturen aufgeworfen worden. Die Berufung der letzteren erfolgt, wie M. ELIADE[8] an zahlreichen Beispielen aufzeigt, bald durch Erbfolge (besonders von der Mutterseite her, wobei wir uns erinnern, daß Bruder Klausens Mutterbruder Walderemit war!), bald hingegen durch Träume, Trance-Erlebnisse und fast immer durch einen Durchgang durch die Phase einer schweren seelischen Krise, welche oft als ein Angefallensein durch Ahnengeister, sonstige Geister oder Götter verstanden wird[9]. Die Kenntnisse des zukünftigen Medizinmannes werden ihm dabei oft durch Träume vermittelt. Liebe zur Einsamkeit, das Sich-Zurückziehen in die Wälder, Sich-ins-Wasser-Stürzen und verwirrte Zustände gehören zu den klassischen Begleiterscheinungen der Berufung[10]. Auch die Flucht ins Gebirge und ein tierartiges Benehmen, wie sie Bruder Klaus nach seiner Heimkehr von Liestal zeigte, gehört zu den häufigen Syndromen[11].

Die tierartige Existenz weist bei den Schamanen auf die Integration tiergestaltiger Ahnengeister hin. Die richtigste Antwort auf die Frage,

---

[6] Man vergleiche die Abhandlung P. NUMAGENS, D., p. 232 ff.
[7] Neue Schweizer Rundschau, l. c.
[8] «Der Schamanismus», Zürich 1957, p. 22 ff.
[9] L. c., p. 24.
[10] L. c., p. 26. Man erinnert sich, daß Bruder Klaus oft Bäder in der eiskalten *Melchaa* genommen haben soll.
[11] L. c., p. 27.

ob es sich hier um pathologische Erscheinungen handelt oder nicht, scheinen mir in dieser Hinsicht die Eingeborenen selber zu geben, welche aussagen, der Hauptunterschied zwischen einem Besessenen und einem Schamanen bestehe darin, daß der Medizinmann einer ist, der *sich selber geheilt hat,* während der Kranke dies nicht kann[12]. Die Krankheit des Schamanen ist also nur ein vorübergehendes Zeichen der «Wahl[13]», und in diesem Sinne muß wohl auch die Verwirrung Bruder Klausens verstanden werden, welche durch seinen Entschluß, sich den innerseelischen Forderungen zu fügen, ihr Ende fand. Mit dem Rückzug in die Klause trat nämlich offensichtlich eine Beruhigung ein.

Nach H. WÖLFFLIN[14] verbrachte er von nun an den ersten Teil des Tages im Gebete und in Kontemplation; nachmittags kam er hervor, saß an der Sonne, und wenn er Lust hatte, besuchte er seinen Miteremiten ULRICH im Mösli, jenen schwäbischen Adligen aus Memmingen, der sich ihm angeschlossen und eine Zelle in der Nähe gebaut hatte. Mit letzterem, der viele Bücher besaß, unterhielt er sich oft über geistliche Dinge. Nach anderen Zeugnissen wanderte er auch hin und wieder nach Einsiedeln[15]. Manchmal ging er auch ein bis zwei Tage in einen Wald ganz weg[16], wenn er seine Beschaulichkeit haben und den allzu vielen Besuchern entgehen wollte. Äußerlich wird Bruder Klaus von verschiedenen Besuchern folgendermaßen beschrieben: HANS VON WALDHEIM sagt von ihm[17], er wirke wie ein Mann im besten Alter von fünfzig Jahren; er habe braunes und noch kein graues Haar, ein wohlgestaltetes, wohlgefärbtes mageres Gesicht, und sei ein gerader «magerer» Mann «von einer lieblichen, guten deutschen

---

[12] Näheres vgl. l. c., p. 37, auch über die außerordentliche Leistungsfähigkeit des Schamanen, p. 37 ff.

[13] L. c., p. 38.

[14] D., p. 546.

[15] D., p. 61. HANS VON WALDHEIM sagt: «Man saget ouch in deme lande, das bruder Claus offte und vile zcu unser liebin frawen zcu den Eynseddeln gesehen wirt, und keyn mensche vornympt on underwegin weddir hen adir erweddir, deme er begeynte. Wie her abir, adir dorch welche wege her do hyne kompt ist Gote deme almechtigin wol bewußt.» – Nach DURRER sprechen hievon sonst erst spätere einheimische Quellen.

[16] D., p. 61 (WALDHEIM).

[17] D., p. 61 (derselbe).

Sprache». Man hatte WALDHEIM vorher gesagt, Bruder Klaus habe immer eiskalte Hände und sei bleich wie ein Toter[18] und immer traurigen Mutes, aber das stimme nicht: er habe, als er ihn besuchte, warme Hände gehabt, und seine Farbe sei die eines anderen natürlichen, «wohlmögenden», gesunden Menschen gewesen; auch sei er gar nicht traurig gewesen, sondern leutselig, behaglich fröhlich und freundlich[19]. Meistens hielt Bruder Klaus anscheinend *den Mund halb offen,* was sich u. a. auf dem Porträt seiner Grabplatte wiederfindet[20]. Vielleicht drückt dies ein staunendes Nach-innen-Horchen[21] aus. Ein anderer Besucher, der Dekan ALBRECHT VON BONSTETTEN, hingegen, der ihn allerdings erst nach der schrecklichen Gottesvision am 31. Dezember 1478 besucht hat, schreibt[22], er sei von einer guten Länge, ganz mager, braun und runzlig, er habe verwirrtes, ungesträhltes schwarzes, etwas graumeliertes Haar, einen daumenlangen Bart, mittelmäßige Augen mit gutem Weiß und eine wohlgestaltete Nase; er sei nicht redselig und mit dem, den er nicht kenne, eher abweisend. Wenn man ihn berühre, sei seine Hand kalt; er gehe immer barfuß und trage einen

---

[18] Tatsächlich berichtet BOVILLUS (D., p. 567), daß Bruder Klaus durch sein Fasten an solcher «Kälte des Magens» zu leiden begann, daß er gezwungen wurde, «an Stelle innerlicher Ernährung Magen und Brust täglich am Feuer eines Ofens zu erwärmen». Ein Ofen ist noch heute in der Zelle zu sehen.

[19] D., p. 62; vgl. auch p. 62/63: «do empfing uns bruder Claus mit frolichem und lachendem angesichte und er gab unsern ixlichen [jeglichen] syne hand, die danne nicht kalt sundern naturlich warm was...» Als WALDHEIM ihm von der Sünderin-Maria-Magdalena-Legende in Marseille erzählte, gingen ihm seine Augen von Tränen über (D., p. 64).

[20] Merkwürdigerweise findet sich genau derselbe Ausdruck auf der sogenannten Stele von Wildburg, einer altgermanischen Steinsäule, die man in Württemberg fand und die wahrscheinlich einen germanischen Priester wiedergibt; vgl. P. HERRMANN, «Das altgermanische Priesterwesen», l. c., p. 17.

[21] MYCONIUS beschreibt Bruder Klaus folgendermaßen (D., p. 611): «Er war ein Mann von außerordentlich hohem und schönem Wuchse, aber so mager, daß die Haut direkt auf den Knochen zu ruhen schien. Er war dunkelfarbig, die Haare schwarz, mit Grau gesprenkelt. Sein Bart war nicht lang, spärlich, aber in der Mitte zweigeteilt. Die Augen tiefschwarz, und durch ihren überirdischen Glanz konnte man von Angst erschüttert werden. Die Adern des Halses und der Kehle schienen beim Sprechen nicht mit Blut, sondern mit Luft gefüllt. Er trug ein einziges, einfaches, bis zu den Fersen reichendes Kleidungsstück. Haupt und Füße waren allzeit bloß. Seine Stimme war männlich, seine Rede langsam. Wenn er von Gott redete, schien er alle Geheimnisse der Heiligen Schrift zu erfassen, obwohl er keinen Buchstaben lesen konnte.»

[22] D., p. 87.

grauen Rock; seine Haltung sei aufrecht, und er habe eine männliche Stimme[23].

Die vier Lichter, welche Bruder Klaus sich wie Kerzen[24] auf jenen Ort im Ranft niedersenken sah[25], an welchem er sich seine Klause baute, stehen wahrscheinlich im Zusammenhang mit dem Stern und dem Lichtschein, der ihn bei Liestal traf, aber aus dem *einen* Licht der damaligen Vision sind nun *vier* geworden. Dies dürfte als Folge jener vorhergehenden psychischen Verwundung anzusehen sein, durch welche das Selbst den Menschen erreicht hatte. Die Vierzahl als innerliches Ganzheitssymbol spiegelt nämlich, wie JUNG nachgewiesen hat, die quaternäre Struktur des Bewußtseins wider. Während das *eine* Licht die Einheit des Selbst darstellt, zeigen *vier* Lichter an, daß eine bewußte Realisierung des Einen über die vier Bewußtseinsfunktionen beginne oder möglich wäre[26]. Durch seine Heimkehr und die Verinnerlichung seines Problems hat sich somit für Klaus *das Problem der Bewußtwerdung des Selbst konstelliert*. In seinem Entschluß liegt nämlich eine Unterwerfung des Ich und seiner Pläne an die unbekannte innere Macht, d. h. an das Selbst, welches hier die seltsame Forderung einer *Bindung an einen Ort* an ihn stellt, indem sich hier das Selbst, wie in ganz archaischen Kulten, als ortsgebundenes Numen oder als «genius loci» manifestiert. Vielleicht ist aber auch das schattige, aussichtslose Waldtal des Ranfts symbolisch zu deuten als tiefstes Insichgekehrtsein und als Zuwendung zu dem in der eigenen Tiefe strömenden seelischen Leben.

Was Bruder Klaus getan hat, wirkt, aus der Distanz einiger hundert Jahre gesehen, wie ein «pattern» oder «Vorbild», dem die ganze Schweiz allmählich gefolgt ist und dem Bruder Klaus selber die Eidgenossen zu folgen ermahnte, nämlich sich äußerlich defensiv auf ein «Réduit» zu beschränken und die Schattenproblematik nicht nach außen explodieren zu lassen, sondern im eigenen Innern auszutragen.

---

[23] D., p. 86; vgl. CH. JOURNET, l. c., p. 62–65 und p. 86/87.
[24] Vgl. D., p. 540 und p. 429.
[25] D., p. 463.
[26] Vgl. hiezu C. G. JUNG, «Aion», l. c., p. 370/71.

Allerdings brauchten die Eidgenossen noch zuerst die Niederlage von Marignano, bevor sie sich zu solcher Einsicht bekehrten. Dadurch verwandelt sich der «rote Geist» der eigenen Aggressivität in einen Ursprungspunkt der Bewußtwerdung. Wie JUNG einmal sagte, haben wir es in der Schweiz so weit gebracht, die Schattenproblematik im eigenen Land auszutragen; der nächste Schritt aber wäre nun, den Konflikt ins eigene Innere des Individuums zurückzunehmen[27]. Das aber ist eben der Schritt, den Bruder Klaus getan hat, indem er sich mit sich selber und seinem Problem in das «Réduit» des Ranfts einschloß. Eine wunderbare Instinktklarheit hat ihn zu dieser Lösung geführt. Diese Wendung nach innen ist deshalb so bedeutungsvoll, weil sie nicht durch einen Zusammenstoß oder eine Niederlage von außen erzwungen wurde und keine Gespaltenheit, Weltflucht oder Flucht vor dem Schatten vermuten läßt. Sie wirkt wirklich mehr wie ein Akt der Einsicht in die Bedeutsamkeit des Innenlebens.

Damit wären die Visionen und Erlebnisse, welche die Periode innerer Konflikte in Bruder Klaus beleuchten und auf das persönliche Leiden hinweisen, das er durchmachte, bis zur Zeit seines «Abbruchs» eingeordnet. In jene gleiche Zeit fallen aber auch noch vier weitere große Visionen, welche tiefer, in eine überpersönliche Problematik, reichen.

---

[27] «Essays on Contemporary Events», London 1947, p. XV/XVI (nur in der englischen Ausgabe).

DIE VISION DER DREI BESUCHER

Eine bedeutsame Vision, welche, wie ich vermute, die Erscheinung des berittenen Edelmannes variiert, obwohl Klaus den einen als Teufel, die nun folgende Erscheinung aber als Gott auffaßte, ist dieses bei WÖLFFLIN überlieferte Gesicht[1]:

«Drei wohlgestalte Männer, die in Gewandung und Haltung einen adligen Rang verrieten, kamen zu ihm, während er mit häuslicher Arbeit beschäftigt war. Der erste begann in folgender Weise das Gespräch: ‚Nikolaus, willst du dich mit Leib und Seele in unsere Gewalt geben?' Jener erwiderte sofort: ‚Niemandem ergebe ich mich als dem allmächtigen Gott, dessen Diener ich mit Seele und Leib zu sein verlange.' Auf diese Antwort wandten sie sich ab und brachen in ein fröhliches Lachen aus [in hilarem proruperunt risum]. Und wiederum zu ihm gewendet, sprach der erste: ‚Wenn du allein in die ewige Knechtschaft Gottes dich versprochen hast, so verspreche ich dir für gewiß, daß, wenn du das siebenzigste Jahr erreicht hast, dich der barmherzige Gott, deiner Mühen sich erbarmend, von aller Beschwernis erlöst; darum ermahne ich dich inzwischen zu beharrlicher Ausdauer, und ich werde dir im ewigen Leben die Bärenklaue [ursinam ungulam] und die Fahne des siegreichen Heeres [validi exercitūs vexillum] geben; *das Kreuz aber, das dich an uns erinnern soll,* lasse ich dir

---

[1] D., p. 537; vgl. F. BLANKE, l. c., p. 88, und A. STOECKLI, l. c., p. 12.

zum Tragen zurück.' Darauf entfernten sie sich. Aus diesen Worten erkannte er, daß er, wenn er die Bedrängnisse vielfältiger Versuchung tapfer überwinde, begleitet von einer großen Heerschar in die ewige Glorie eingehen werde.»

Zunächst wirkt die Vision beinahe durchsichtig, und es scheint, daß die drei Männer die Heilige Dreifaltigkeit darstellen; aber wenn man genauer darüber nachdenkt, so fallen doch einige merkwürdige Punkte auf: erstens der Umstand, daß Klaus zuerst selber unsicher ist, ob die drei nicht teuflische Versucher seien, zweitens das etwas ungereimte Lachen der Besucher und drittens die Tatsache, daß der erste von den dreien bald von Gott in der dritten Person redet, als ob er es nicht selber wäre, und dann doch auch wieder in der ersten Person, als ob er es wäre; und endlich das eigenartige Symbol der Bärenklaue und der Vennerposten eines starken Heeres im Jenseits, welche die drei ihm anbieten. Den Regeln der Traumdeutung nach ist es angezeigt, die Motive zunächst zu nehmen, wie sie sind; das ist, anzunehmen, daß diese drei Adligen zwar an die christliche Trinität *erinnern,* aber doch auch wieder nicht ganz der dogmatischen Vorstellung entsprechen – sie bilden vielmehr ein spontanes Auftreten eines triadischen Gottesbildes, eines Archetypus, der, wie C. G. JUNG gezeigt hat, lange vor der christlichen Trinitätsvorstellung allgemein verbreitet war[2]. Was nicht christlich an diesen drei Gestalten zu sein scheint, weist wieder, wie Lilie und Pferd der früher besprochenen Vision, in die Richtung älterer germanischer Vorstellungen, das ist auf Wotan, hin, so besonders die Bärenklaue, welche Niklaus als Zeichen bzw. «Totem» oder individuelles Symbol im Jenseits erhalten wird.

Der große germanische Gott *Donar* heißt nämlich öfters Björn (Bär), und manchmal tritt auch Wotan selber unter dem Decknamen Björn = Bär oder Bjarki = Bärchen auf und besonders aber auch als *Hrammi = die Bärentatze*[3]. Bärentatzen als Apotropaeicum findet man

---

[2] «Symbolik des Geistes», l. c., p. 327 ff.; vgl. auch P. SARASIN, «Helios und Keraunos», Innsbruck 1924, und D. NIELSEN, «Der dreieinige Gott», 1922, passim, und W. KIRFEL, «Die dreiköpfige Gottheit», Bonn 1948, passim.
[3] M. NINCK, l. c., p. 19/20 und p. 49.

noch heute in der Innerschweiz an die Haustüren genagelt[4]. Die Tatze symbolisiert wohl, «pars pro toto», das Wirken der Bären, so daß das Motiv eigentlich ausdrückt, daß Bruder Klaus die Kraft und das Wirken der Bären im Jenseits finden werde. Es heißt aber vielleicht auch, daß dieser Aspekt seines Wesens wirklich erst postmortal sich verwirklichen werde können. «Denn dem, der überwindet», heißt es in der Apokalypse[5], «wird Gott einen weißen Stein geben und auf den Stein einen neuen Namen schreiben, welchen niemand kennt, denn der ihn empfängt.» Hrammi, die Bärentatze – ein Name Wotans – wäre also Bruder Klausens neuer, geheimer Name im Jenseits[6].

BENOIT LAVAUD, welcher alle biblischen Amplifikationen zum Bärensymbol zusammengestellt hat[7], kommt zu dem paradoxen Resultat, daß der Bär bald den bösen Tyrannen darstellt[8] (z. B. hat das «Tier» der Offenbarung Bärenfüße[9]), bald aber ist er auch ein Bild Jahwes, allerdings in dessen «dunklen» Manifestationen. So heißt es in den Klageliedern Jesaias über Gott[10]: «Er [Gott] hat auf mich gelauert wie ein Bär, wie ein Löwe im Verborgenen. Er läßt mich der Wege fehlen...» Der Bär stellt hier die *dunkle Seite Gottes* dar, die sich ja später auch Bruder Klaus im «schrecklichen Gesicht» noch deutlicher offenbaren wird. Im Jenseits aber soll Bruder Klaus anscheinend ihr Verkünder werden, d. h., die dunkle Seite des Gottesbildes, welches den von ihm besessenen Menschen zerstörerisch werden läßt, wird im Inneren der Seele in eine heilende Kraft verwandelt. Nebenbei sei bemerkt, daß eines der häufigsten Schutzgeisttiere der nordischen Schamanen noch heute der Bär ist[11]. Bei vielen östlichen und nörd-

---

[4] Vgl. D., p. 538, Fußnote.
[5] Apok. II, 17.
[6] Auch M.-B. LAVAUD, «Vie profonde de saint Nicolas de Flue», l. c., p. 46, führt diese Stelle der Offenbarung an und deutet dieses Bärentatzenbanner als «bravium» im Sinne von Paul. II; Tim. IV, 8. Den Bären deutet LAVAUD bald als Teufel (l. c.), bald als Gottessymbol (p. 61).
[7] L. c., p. 46 und p. 61.
[8] Prov. XXVIII, 15.
[9] Apok. XIII, 2.
[10] Thren. III, 10; vgl. auch Jes. XXVIII, 13, und Hos. XIII, 7/8; zit. bei LAVAUD.
[11] M. ELIADE, l. c., p. 402 ff., und die Literatur daselbst: C. HENTZE, «Le culte de l'ours

lichen Völkern Europas war der Bär früher so heilig, daß nicht einmal sein Name ausgesprochen werden durfte; man nannte ihn deshalb umschreibend: «Er», «der Hausvater», «Großväterchen», «Vater», «Mutter», «kluger Vater», «der Alte», «heiliger Mann», «heilige Frau», «der Honigesser» oder «der Goldfuß». In Griechenland gehörte er zur Artemis und zur Mutter-Göttin. Auch ist der Folgegeist, die «Fylgia» der Germanen, oft ein Bär. Bärenklauen galten als Talismane gegen den bösen Blick, und in Preußen gab man den Toten Bärentatzen mit ins Grab, damit sie den «Jenseitsberg» erklimmen könnten. In christlicher Zeit wurde der Bär bald zu einer Erscheinungsform des Teufels, bald zum Tier der Mutter Gottes[12].

Weil Bruder Klaus dies alles wohl kaum versteht und auch kaum verstehen *kann*, sagen ihm die drei göttlichen Besucher, daß sie ihm vorher zu Lebzeiten das Kreuz zu tragen hinterlassen, das christliche Symbol der Ganzheit, das aber dem Träger als ein totes Holz aufliegt und die Qual und Leiden der Kreuztragung Christi zur inneren Wirklichkeit werden läßt. Erst über den Weg *einer inneren Angleichung an Christus* ist die weitere Entwicklungsmöglichkeit angedeutet, nämlich die Einswerdung mit jenem Gott, der die «Bärentatze» als Wahrzeichen hat, in welcher die Kraft und Wirksamkeit der Tiernatur erlöst und integriert sein werden. Psychologisch betrachtet, bedeutet das Kreuz die «Qual der Bewußtwerdung, den moralischen Konflikt und die Ungewißheit des eigenen Denkens[13]», und es scheint demnach, daß Klaus nur über dieses Leiden das «bravium» des Bärentatzenbanners erringen könne.

---

ou du tigre et le t'aotie» (Zalmoxis I, 1938, p. 50–68); A.J. HALLOWELL, «Bear-ceremonialism in the Nothern Hemisphere» (American Anthropologist; vgl. 28, 1926, p. 1–175); N. P. DYRENKOVA, «Bear-worship among Turkish tribes in Siberia» (Proceedings of the 23th International Congress of Americanists, September 1928, New York 1930, p. 411 ff.); H. FINDEISEN, «Zur Geschichte der Bärenzeremonie», Archiv für Religionswissenschaften, Bd. 37, 1941, p. 196–200.
[12] «Handwörterbuch des deutschen Aberglaubens», ed. H. BÄCHTOLD-STÄUBLI, unter «Bär». In Lappland hieß er «saivo»: «heilig», oder «das heilige Wild». Als «Kornbär» war er ein Vegetations- und Fruchtbarkeitssymbol und spielt daher auch in germanischen Hochzeitsriten eine Rolle.
[13] Vgl. u. a. C.G. JUNG, «Aufsätze zur Zeitgeschichte», Zürich 1946, p. 47.

Auf Klausens Antwort, er wolle sich nur Gott ergeben, platzen die drei Männer abgewandt in ein heiteres Lachen heraus[14]. Es scheint mir hier etwas Ähnliches vorzuliegen wie in der Wolkenvision, in der Klaus Gott um ein «andechtiges Leben» bat und Gott ihn schalt, er solle sich doch Gott ergeben. Das Lachen der Besucher weist nämlich wohl auf eine ähnliche Inkongruenz hin, nämlich wahrscheinlich wieder darauf, daß Bruder Klaus sich unter Gott etwas anderes vorstellt, als die vor ihm stehende Wirklichkeit Gottes ist; das, was abweicht, sind wohl hauptsächlich jene Wotanzüge, welche die wirkliche und unmittelbare Gotteserscheinung unerwartet auszeichnen. Wotan wanderte tatsächlich oft mit zwei Begleitern auf Erden herum: z. B. mit *Hönir* und *Lodur*, als er die ersten Menschen, Askr und Embla, belebte[15]. Auch sonst reiste er oft unerkannt mit *Hönir* und *Loki* im Lande, und sie kehren unerwartet zu dritt bei einem Menschen ein[16]. Bei den Sachsen bildet *Odin* mit *Saxnot* (= Tyr) und *Thuner* (= Thor) eine oberste Götter-Dreiheit, was noch in der Reihenfolge von «Tuesday», «Wednesday» und «Thursday» nachklingt[17]. Dieselbe Triade lebt noch in vielen Lokalsagen latent weiter; so schlafen im Zobtenberg drei Männer und in einer Felskluft am Vierwaldstättersee ebenso wie im Dominiloch am Pilatus drei Tellen, die einst das Land aus Not befreien werden[18]. Der dreigipflige Gotteshügel in Alt-Upsala

---

[14] Wieder hat gerade Wotan öfters die Züge eines göttlichen Tricksters (vgl. M. NINCK, l. c., p. 73), welche ein solches ungereimtes Lachen besonders gut erklären könnten.
[15] M. NINCK, l. c., p. 69.
[16] L. c.
[17] M. NINCK, l. c., p. 117, p. 142 und p. 161; vgl. auch p. 337: «Ein kleines Beispiel ... mag zeigen, wie weit durch eine wahrhaft erstaunliche kirchliche Zensur die Tilgung der höchsten germanischen Götternamen offiziell gelungen ist. Als authentisches Zeugnis des 8. Jahrhunderts, daß *Wodan* neben *Thunar* und *Saxnot* Hauptgott der Sachsen war, wurde schon früher das sogenannte sächsische Taufgelöbnis aufgeführt: ... Forsachistū diabolae? ec forsacho diabolae. end allum diabolgeldae? end ec forsacho allum diabolgeldae. end allum diaboles uuercum? end ec forsacho allum diaboles uuercum and uuordum, Thunaer ende Uuōden ende Saxnōte ende allum thēm unholdum thē hina genōtas sind» usw. Vgl. auch P. HERRMANN, «Das altgermanische Priesterwesen», l. c., p. 76 ff. Nach ihm ist in Upsala der dritte Gott, der als Phallus abgebildet war, *Frey* (statt *Ziu* bzw. *Tyr* bzw. *Saxnot*).
[18] M. NINCK, l. c., p. 142. Er vergleicht auch damit den dreigipfligen Pilatus. Das Schweizer Wort für Wotan, «Türst», von «Thurse» = «Riese», sieht auch eventuell wie eine Verschmelzung von Thor und Wotan aus.

wird noch heute mit *Odin, Thor* und *Frey* assoziiert[19]. Wotan tritt sonst auch oft mit seinen Brüdern Wili und We oder mit den zwei Raben Hugin und Munin oder den Wölfen Geri und Freki oder den Hunden Wil und Wal auf. In der Luzerner Gegend jagte er noch im 16. Jahrhundert als dreibeiniger Türsthund (Thurse = Riese) gespenstisch herum[20], und sein Roß ist ebenfalls oft dreibeinig dargestellt[21]. In Sachseln nun speziell, wo Bruder Klausens Wohnsitz ist, spukt er als sogenannter «Tanzlaubenhund» mit nur *einem*, tellergroßen Auge auf der Stirn, und er ist auch einmal vom Töchterchen des Niklaus gesehen worden[22]. Auf Runensteinen ist das Dreiglied *das* Abzeichen Wotans[23].

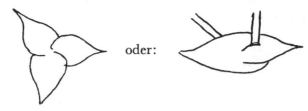

oder:

---

[19] Vgl. A. Lütolf, l. c., p. 56/57. Ebenso schlafen solche drei Tellen auf der Alp Niederbauen in Emmeten im Kanton Unterwalden in den sogenannten Höllenlöchern. Um sie herum liegt schlafend ein Heer von Unterwaldner Söldnern. Als ein Mann zu ihnen kommt, fragt einer der drei Tellen: «Welche Zeit zählt man jetzt?» Die schlafenden Krieger warten auf eine Kriegszeit, um einzugreifen. Vgl. auch p. 92 dieselbe Sage beim Giswilerstock beim Brünig und bei Flüelen; vgl. ebenso p. 93. Man sah auch in der Gegend von Uri und Schwyz oft Geisterschlachten am Himmel (l. c., p. 129).
[20] Vgl. R. Brandstetter, «Die Wuotanssage im alten Luzern», Der Geschichtsfreund, Stans 1907, Bd. 62, p. 122.
[21] M. Ninck, l. c., p. 142. Vgl. auch C. G. Jung, «Symbolik des Geistes», l. c., p. 54 ff.
[22] Vgl. D., p. 926: «Alls ouch bruder Clauß zu einer zytt, da er noch in der welt gewäsen, sin töchterlin by im gehept an syner arbeit, an einem ort, da man in das Melchtal gat, schruwe das töchterlin uff gegen dem vatter, es wäre ein großer schwarzer hund da, der hette nur ein oug mitten an der stirnen, dessen es seher erschrocken, spräche b. Claus, wöllcher den bösen geist wol erkant, zu ime, es sollte im nüt förchten, im geschehe nüt. Im selben sye der hund verschwunden.» – Nach Durrers Angabe ist das der «Tanzlaubenhund» der Sachsler; er lag unterhalb der Kirche in der Tanzlaube. Ein später Nachkomme Bruder Klausens traf ihn auch wieder in der Nähe. Vgl. A. Lütolf, l. c., p. 342/43. Die Tanzlaubendiele zum Tanzen und Exerzieren war in Sachseln unterhalb der Pfarrkirche gebaut. Dort wohnte der Tanzlaubenhund und spazierte täglich zum Lichttägelkappeli, das am Fußweg nach dem Flüeli steht (an der Stelle der heutigen Lourdeskapelle). Einmal begegnete er einem Mann, hielt ein Kartenspiel zwischen den Vorderpfoten und forderte ihn zum Spiel auf. An andern Orten hieß er der «ewig Hund» oder der «Welthund».
[23] M. Ninck, Abbildung, Tafel VIII: Runenstein aus Sanda, um 1050 n. Chr. Vgl. auch Tafel III: Runenstein aus Tjängvide (Gotland), 8. bis 9. Jahrhundert.

Das starke bzw. siegreiche («validus») Heer, mit welchem Bruder Klaus nach seinem Tode einherziehen wird, erinnert an den Zug der Kampftoten, der *Einherjer,* welche Wotan folgen[24], und die Knechtschaft, welche die drei von Bruder Klaus fordern, scheint so etwas wie eine Aufforderung zur Gefolgschaft zu sein[25]. Wotans Gefolge trug u. a. auch den Ehrentitel «sige-beorni» (= «Siegbären[26]»). Gerade im Luzernischen lebte Wotans Totenheer noch um 1600 in der Volksvorstellung in einer positiven Auffassung weiter, während es anderswo fast überall zur bösen, wilden Gespensterjagd geworden war[27]. Ihr Führer, der Gott selber, erscheint als «großer, mächtiger Herr», und es bedeutete nicht einen Fluch, sondern ein Vorrecht, in seinem Zug mitziehen zu dürfen. Das Heer hieß «Wuott ins Heer[28]», «Guottisheer[29]» oder, häufiger, «die säligen Lütt», und letztere waren, wie es hieß, den Lebenden «gar fründtlich und anmuottig» gesinnt. Man glaubte auch, daß manche Menschen schon zu Lebzeiten Gemeinschaft mit ihnen hätten und bisweilen mit jenen wandelten, und man rechnete ihnen das als hohe Ehre an und hielt sie für «vil frömmer, andächtiger und

---

[24] Nach M. NINCK, l. c., p. 121/22, ist Odin der Gott des Sieges und als «Walvater» der Gott und Genosse aller im Kampf Gefallenen.

[25] Im Jenseits, in Walhall, bekämpfen sich die Einherjer täglich, trinken am Abend aber wieder zusammen Met: «Alle Einherjer in Odins Hof kämpfen Tag für Tag. Sie kiesen die Wal, Reiten vom Kampfe heim, sitzen beisammen versöhnt» (Vm. 41, zit. M. NINCK, l. c., p. 122). Daher hieß «sterben» direkt «zu Odin fahren», M. NINCK, l. c., p. 194; und «töten» hieß «wihan = weihen» (dem Odin), M. NINCK, l. c., p. 125.

[26] M. NINCK, l. c., p. 159.

[27] Vgl. M. NINCK, l. c., p. 81/89, und besonders R. BRANDSTETTER, «Die Wuotanssage im alten Luzern», l. c., p. 106 ff. Negativ erlebt sind diese Toten, die «feurigen Leute» oder «Züßler», und wer sie sieht, dem begegnet «allzyt ein böse Letze». Vgl. auch A. LÜTOLF, l. c., p. 135. Neuerdings ist der Zusammenhang der wilden Jagd mit Wotan angezweifelt und als volksetymologische Verbindung von «wütendes Heer» und «Wotan» angesehen worden – vgl. J. VANDRYES et E. TONNELAT, «Les religions des Celtes, des Germains et des anciens Slaves», Mana, Presses Universitaires de France, 1948, p. 363 und Anm. 354 –, doch scheint mir der Zweifel hier zu weit getrieben; es scheint mir vielmehr umgekehrt, daß «wütendes Heer» eine nachträgliche Umdeutung von «Wotans Heer» in «wütendes Heer» darstellt, als man «Wotan» nicht mehr kannte; denn daß Wotan der Anführer der Toten sei, ist authentisch überliefert.

[28] R. BRANDSTETTER, l. c., p. 134.

[29] In Anlehnung an «die guten Seelen» = die Seelen im Fegefeuer; vgl. R. BRANDSTETTER, l. c., p. 134; vgl. auch A. LÜTOLF, l. c., p. 444 und p. 450 ff.

glückhafter» als andere und für «schier alls heilig[30]». So wird es verständlicher, was wohl diese postmortale Vereinigung von Bruder Klaus mit dem «starken Heer» meinen könnte, welche ihm die drei adligen Wanderer verheißen.

Auch die Fahne als Motiv paßt in den Zusammenhang; denn die Fahne steht immer, wie NINCK betont, im Schutze Wotans[31]. Wenn sie flattert, verheißt er den Sieg; wenn sie hängt, ist es ein böses Omen[32]. Priester trugen aber solche Tiersymbole nicht nur durch die Schlachtreihen, sondern auch als Fruchtbarkeitszauber durch die Felder[33]. Zu solchem Priesteramt ist offenbar Bruder Klaus erwählt. Es ist über-

---

[30] R. BRANDSTETTER, l. c., p. 135, zit. auch bei M. NINCK, l. c., p. 82. Der Luzerner Chronist CYSAT berichtet: «Nun aber ist disi Gespenst by den Alten... in großer Achtung [BRANDSTETTER, l. c., p. 134/35] und so wol die, so der Gesellschaft [zugehören] als auch die Lebenden so mitt ihnen louffent... [werden] für heilig und sälig gehalten! Es seien dies die Seelen der Menschen, die vor der rechten Zyt und Stund, die inen zuo dem End jres Lebens gesetzt, verscheiden und nit den rechten, natürlichen Tods gestorben wärent... und jeder, der ettwan von Waffen umbkommen, dessen ein Wortzeichen [Wahrzeichen] mittragen, wie auch die übrigen sonsten ein Anzeig geben, wie sy ihr Leben verloren. Vor der Ordnung her gienge allzyt einer, der schrüwe: ,Abwäg, abwäg, es kommend die Säligen'. Hettend ouch *liepliche Seyttenspiel,* die glychwol sich nit stark, sondern timmer [schwach] hören lassen... Und hettend ouch lebende Lütt uß sonderer Andacht Gesellschafft und Fründschafft zuo ihnen: ettwan wandletend sy mit jenen, ettwan wurdent sy von jnen in jren Hüsern besuocht.» Solche Leute, die mitmachen, werden dafür desto höher gehalten und für «sälig geacht» (R. BRANDSTETTER, l. c., p. 136). Es sei eine große Ehre, und man schaue solche Leute an als «vil frommer, andächtiger und schier alls heilig», sie werden dadurch nur «desto glückhaffter» (R. BRANDSTETTER, l. c., p. 137).
[31] M. NINCK, l. c., p. 90: «Die Fahne ist in erster Linie Schicksalssymbol... Da Odin als Kampfwalter aber zum Schicksal in engste Berührung tritt und von der Norn das Gewirk ihrer schaffenden, schicksalbestimmenden Hand empfängt..., so gelangte die Fahne unter seinen besonderen Schutz. Gnaefar gunnfani: ,hochempor flattert die Kampffahne', heißt es in eddischen Liedern... Der Teppich von Bayeux, das wichtige normannische Bilddenkmal vom Zug Wilhelm des Eroberers nach England, zeigt einen Drachen aus Tuch an der Stange als Feldzeichen...»
[32] M. NINCK, l. c., p. 11: «Schrecken erfaßt eure Reihe, todverfallen ist euer Fürst. Nicht flattert eure Schlachtfahne, feind ist euch Odin.» («Edda min.», p. 10, zit. aus M. NINCK, l. c., p. 91.)
[33] P. HERRMANN, l. c., p. 72: «TACITUS selbst unterscheidet ,signa' (Attribute der Götter), wie das Schwert des Tius, die Lanze Wodans, der Hammer Donars..., und ,effigies' (Symbole). Oder die Symbole waren Tierbilder, die von den Priestern bei der feierlichen Prozession durch die Fluren wie durch die Schlachtreihen getragen wurden: der Adler des Tius, Eber und Bär, Donars Tiere, Hund und Wolf... Die Langobarden in Italien beugten sich vor dem Bilde einer Schlange; sie verehrten sie als das Symbol ihres höchsten Gottes Wodan...»

haupt auffallend, wie sehr Bruder Klausens Rolle später im Ranft an das altgermanische Priestertum und das nordische Schamanentum erinnert. Bei den alten Germanen waren die Priester einfach Adlige, Familienhäupter oder Männer und Frauen von natürlicher Autorität[34]. Der Priester hieß «êwart» oder «êsago» und war der Hüter und Sprecher des «Rechts» (*ê* = «religio[35]»). Wahrscheinlich trugen sie langes Haar und einen langen Rock mit stolaartigem Gürtel[36]. Die berühmte Seherin *Weleda* der westfälischen Bructerer wohnte in einem Turm[37] und verkündete von dort ihre Wahrsprüche. Wenn man in DURRERS Quellensammlung die vielen politischen Konsultationen und anderen Verhandlungen nachliest, welche an Bruder Klaus gelangten, so erscheint er einem wirklich als ein solcher «êwart», ein Hüter des «ê» = der göttlichen Ordnung.

Aber *ein* seltsames Motiv schließt diese öfters fast durchsichtig heidnisch wirkende Vision doch wieder ganz unerwartet an das Christliche an: nämlich jene Hinterlassung des Kreuzes, das Bruder Klaus seiner Lebtag zum Andenken an die drei Besucher tragen soll. Dadurch ist die Bewertung der Vision als *eine bloße Regression ins Heidentum nicht möglich*. Vielmehr weist dieses Motiv auf jene «Christifikation des Ein-

---

[34] P. HERRMANN, l. c., p. 9 ff.
[35] P. HERRMANN, l. c., p. 15: «Die Namen des Priesters sind mannigfach: ... Nach seiner gesetzgebenden und gesetzschirmenden Tätigkeit heißt es ahd. ‚êwart', ‚êwarto' (‚wart' des ‹ê›; dieses ‹ê› ist unser leider vergessenes Wort für ‚religio' = die herkömmliche, unvordenkliche göttliche Ordnung oder das Gesetz...), oder er heißt ahd. ‚êsago'... Die andere Seite seiner Tätigkeit als Leiter des Opfers hebt die ostgermanische Benennung (got. ‚gudja'), die skandinavische Gode (‚gudi', ‚godi') hervor, die mit ‚gut' = ‚Gottheit' verwandt ist... Wenn aber ‚Gott' ursprünglich ‚Zauber' oder auch ‚Fetisch' bedeutet, so tritt uns im Goden der Feticeiro und Schamane entgegen; er ist ursprünglich nur der ‚Berufer', ‚Besprecher', der Zauberer. Wie weit es der ‚Zauberer' auf Island gebracht hat, wie der großbäuerliche Aristokrat das politische Oberhaupt des zum Tempel gehörigen Bezirkes wurde und somit allseitige Herrschergewalt und weltliche Hoheitsrechte verlangte, ist ein äußerst lehrreicher Beitrag für die Entwicklung der Religion... Der burgundische ‚Oberpriester' führt den Namen ‚sinistus' (der Älteste; vgl. Siniskalk, der Altknecht, lat. ‚senex'); vielleicht geht er auf eine Zeit zurück, in der wirklich der Geschlechtsälteste priesterliche Amtsgewalt hatte, wie in der Urgemeinde von Jerusalem. Später ist er, wie der arabische Scheik, nicht der den Jahren nach älteste, sondern der vornehmste, aus altem Adelsgeschlecht Entsprossene.»
[36] Vgl. P. HERRMANN, l. c., p. 14.
[37] P. HERRMANN, l. c., p. 17.

zelnen durch den Heiligen Geist» hin, welche JUNG in seiner Antwort auf Hiob beschrieben hat[38].

Die «Imitatio Christi», welche im Motiv der Kreuztragung deutlich ausgedrückt ist, zeigt, daß dasjenige, was die drei Besucher dem Bruder Klaus nahebringen wollen, *eine seelische Weiterentwicklung ist, die nicht das Christliche verwirft oder ihm zuwiderläuft, wohl aber neue Aspekte aufdeckt und die Integration weiterer archetypischer Inhalte verlangt.*

Wie JUNG in «Symbolik des Geistes» darlegt[39], symbolisiert das christliche Kreuz psychologisch eine Bewußtseinsstufe, in welcher der Mensch sich des ethischen Konfliktes und seiner Verantwortung bewußt wird. Das Kreuz gehört innerhalb der Trinität wesentlich zur Hypostase des Sohnes. In derjenigen des Heiligen Geistes hingegen ist eine seelische Entwicklungsstufe symbolisiert, auf welcher sich das Ich einer umfassenderen inneren Ganzheit, dem Selbst, freiwillig unterordnet. Die Wirkung des Selbst als seelische Erfahrung bezeichnet die christliche Sprache als den «Heiligen Geist», d. h. als den heilenden, ganzmachenden Hauch, dem sie Persönlichkeit vindiziert, was in Anbetracht aller Umstände durchaus angebracht ist. Seit beinahe zwei Jahrtausenden kennt die Geschichte *die Gestalt des kosmischen Urmenschen, des Anthropos,* «dessen Bild in die Anschauung Jahwes sowohl wie in die des Christus eingegangen ist. *Die stigmatisierten Heiligen sind anschaulich-konkret zu christifizierten Menschen und damit zu Trägern des Anthroposbildes geworden. Sie sind symbolische Modelle für die Wirkung des Heiligen Geistes*[40].» Wie sehr das für Bruder Klaus zutrifft, muß wohl kaum hervorgehoben werden. JUNG fährt fort[41], daß es aber unter den Symbolen des Selbst auch zahlreiche gebe, welche nichtmenschliche Form besitzen, wie Kugel, Kreis, Quadrat, Oktogon, oder chemisch-physikalische Form, wie Stein, Rubin, Diamant, Quecksilber, Gold,

[38] Zürich 1952, p. 169: «Durch die Einwohnung der dritten göttlichen Person im Menschen, nämlich des Heiligen Geistes, entsteht eine Christifikation der vielen, und dann erhebt sich das Problem, ob diese vielen lauter totale Gottmenschen seien... [Aber] selbst der erleuchtete Mensch bleibt der, der er ist, und ist nie mehr als sein beschränktes Ich gegenüber dem, der ihm einwohnet...»
[39] Zürich 1948, p. 336 ff. und besonders p. 420 ff.
[40] L. c., p. 424 f. Hervorhebungen von mir.
[41] «Symbolik des Geistes», l. c., p. 425/26.

Wasser, Feuer, Geist usw. Damit wird der nichtmenschliche Charakter des Selbst bzw. der Ganzheit ausgesagt. Von diesen Ausführungen JUNGS her betrachtet, könnte man die Vision von Bruder Klaus auch so deuten, daß sie ihm verheißt, daß er selber zum «christifizierten Menschen und Träger des Anthroposbildes» werden solle und daß er dann ein lebendiger Verkünder eines Geistes sein werde, welcher sich theriomorph als Bär manifestiert. Man darf aber wohl dabei nicht übersehen, daß Bruder Klaus in der Vision nicht einen Bären erhält, sondern nur eine Fahne mit dem Bild, d. h. dem *Symbol*, einer Bärentatze. Das deutet wohl an, daß die dunkle Seite des Gottesgeistes nicht etwa in Form archaischer Besessenheit erlebt wird, wie z. B. im Berserkergang der alten Germanen, sondern *symbolisch* integriert werden soll. Der Weg dazu aber führt über die Angleichung an Christus.

Da aber dieses letztere Motiv noch viel deutlicher in einer anderen Vision Bruder Klausens dargestellt ist, möchte ich die weitere Deutung bis dahin aufschieben und zunächst jenes seltsame Motiv des wandernden göttlichen Besuchers weiterverfolgen, welches in der ersten der neuerdings in Luzern gefundenen Visionen von zentraler Bedeutung ist.

DIE VISION VOM SINGENDEN BERSERKER

Der Text beginnt[1]: «... und doch ihm kund war. Und ihn dünkte in seinem Geist, es käme ein Mann in Pilgers Art; er führte einen Stab in seiner Hand, seinen Hut hatte er so aufgebunden und nach hinten umgekrempt [abengeliczt] wie einer, der auf die Straße will, und er trug einen Mantel. Und er erkannte in seinem Geist, er [der Wanderer] käme von Sonnenaufgang, oder von Ferne her. Wiewohl er das nicht sagte, *kam er von daher, wo die Sonne im Sommer aufsteht*[2]. Und als er zu ihm kam, da stand er vor ihm und sang diese Worte: Alleluja. Und als er anfing zu singen, widerhallte ihm die Stimme[3], und [das Erdreich und[4]] alles, was zwischen Himmel und Erdreich war, hielt [d. h. unterstützte] seine Stimme, wie die kleinen Orgeln die großen. Und er hörte aus einem Ursprung drei vollkommene Worte hervorgehoben und sie wieder verschließen[5] in ein Schloß, wie eine Feder, die sehr stark verschließt. Und als er die drei vollkommenen Worte, deren keines das andere berührte, gehört hatte, mochte er doch nicht sprechen denn von einem Wort. Und als er diesen Gesang vollendet hatte, bat er den Menschen um eine Gabe. Und er [Bruder Klaus] hatte einen Pfennig in der Hand und wußte nicht, woher ihm der gekommen

---
[1] A. STOECKLI, l. c., p. 15 ff.
[2] Die Unterteilungen sind von mir.
[3] «do hielt im die stimm die gegni.»
[4] Diese drei Worte fehlen in STOECKLIS Wiedergabe des Textes.
[5] «beschließen.»

war. Und er [der Wanderer] zog den Hut ab und empfing den Pfennig in den Hut. Und der Mensch [Bruder Klaus?] hatte nie erkannt, daß es so eine große Ehrwürdigkeit war, eine Gabe in den Hut zu empfangen. Und den Menschen wunderte es sehr, wer er wäre und von wo er käme, und er [der Wanderer] sprach: ‚Ich komme von da', und weiter wollte er ihm nichts mehr sagen. Und er [Bruder Klaus] stand vor ihm und sah ihn an. Da hatte er sich verwandelt und ließ sich sehen mit unbedecktem Haupt und hatte einen Rock an, der war blau – oder graufarben, doch sah er den Mantel nicht mehr, und er war ein so adeliger, wohlgeschaffener Mann[6], daß er es nicht anders konnte, als ihn mit merklicher Lust und Verlangen[7] anzuschauen. Sein Antlitz war braun, so daß es ihm eine edle[8] Zierde gab. Seine Augen waren schwarz wie der Magnet, seine Glieder waren so wohlgeschaffen, daß dies eine besondere Schönheit[9] an ihm war. Obwohl er in seinen Kleidern steckte, so hinderten ihn die Kleider nicht, seine Glieder zu sehen. Wie er [Bruder Klaus] ihn so unverdrossen ansah, richtete er [der Wanderer] seine Augen auf ihn. Da erschienen viele große Wunder: Der Pilatusberg ging nieder auf das Erdreich [d. h. duckte sich platt auf die Erde], und er [der Wanderer] öffnete sich die ganze Welt, daß ihm deuchte, es wäre alle Sünde offenbar, die in der Welt wäre, und es erschien ihm eine große Menge von Leuten, und hinter den Leuten[10] erschien die Wahrheit, und alle hatten ihr Antlitz von der Wahrheit[11]. Und allen erschien am Herzen ein großes Gebresten, wie zwei Fäuste zusammen. Und dieses Gebresten war Eigennutz; der irrt [verführt] die Leute so sehr, daß sie des Mannes Antlitz nicht zu ertragen[12] vermochten, so wenig der Mensch Feuerflammen ertragen mag, und vor grimmiger Angst fuhren sie umher und fuhren zurück, fort mit großem

---

[6] A. STOECKLI: Mensch.
[7] «wollust und begir.»
[8] «adeliche.»
[9] «herligkeit.»
[10] «hinterruck der lütten.»
[11] A. STOECKLI: [d. h. sie standen ihr gegenüber]. Aber es ist eher gemeint, daß sie der Wahrheit den Rücken drehten.
[12] «erliden.»

Schimpf und Schande, so daß er sie von weitem hinfahren sah. Und die Wahrheit, die hinter ihrem Rücken erschien, die blieb da.»

In der Fortsetzung derselben Vision wandelt sich das Antlitz des Wanderers «einer Veronika» gleich, und er zeigt sich Klaus in weiteren neuen Aspekten. Es scheint aber wegen der Länge des Visionstextes besser, hier bereits ein Stück Interpretation einzufügen. Der Biograph WÖLFFLIN spielt nur kurz auf den Beginn dieser Vision an, wenn er sagt, Bruder Klaus sei einst in «der Entrückung des Geistes» durch einsame, von menschlicher Wohnung weit abgelegene Orte gewandert[13]», da habe er von weitem einen alten Mann ihm entgegenkommen gesehen, «ehrwürdig von Angesicht und gut gekleidet, und er habe einen einstimmigen Gesang angestimmt, den er in einen dreistimmigen harmonisch erweiterte». Bruder Klaus habe dies als Unterricht über die «ungeteilte Gottheit, die sich in drei Personen unterscheidet und doch wunderbar zusammenstimmt», erlebt[14]. Nachher kam er in der Vision zu jenem Brunnenpalast, der ähnlich beschrieben ist wie im seither aufgefundenen Urtext. Man sieht hier deutlich, wie WÖLFFLIN die Vision bereits konventionell-christlich umgestaltet und viele Züge ausläßt[15].

Jener Wanderer, der singend von Sonnenaufgang kommt, trägt wieder Wotanszüge in seiner Kleidung und in der Art, wie er geheimnisvoll einherwandert. SAXO nennt Wotan den «unermüdlichen Wanderer[16]». Andere seiner Namen sind «Vegtamr» (= Weggewohnt), «Gangleri» (= Wegmüde), «Gangrāþr» (= der von Ort zu Ort wandernd Räte erteilt[17]). «Zahlreich sind die Erzählungen», sagt NINCK[18], «wie er als *Bettler*, als *Sänger*, als *fremder Gast* unter dem offenen Decknamen «Gest» bei Königen vorspricht, in der Halle oder am Bett Geschichten erzählt, ihnen Lieder vorsingt und sich mit ihnen im Rätselraten mißt...» Sein Äußeres stimmt ganz zum Bilde des Wanderers. Er trägt einen Mantel und einen breitkrempigen Hut, der seine Stirne

---

[13] Der typische «magische Flug» des Schamanen und Medizinmannes.
[14] A. STOECKLI, l. c., p. 10/11.
[15] Z. B. das Bärenhäutermotiv.
[16] Hav. 103, zit. M. NINCK, l. c., p. 69.
[17] Vgl. M. NINCK, l. c., p. 73.
[18] L. c., p. 69/70. Die Hervorhebungen sind von mir.

tief beschattet[19]. Der Mantel ist rauh und blau von Farbe, blau gestreift, grau oder fleckig... Seine Gestalt ist hochgewachsen, langbärtig; er hat nur *ein* Auge, dieses aber flammt wie Feuer. Haar und Bart sind altersgrau, aber trotzdem «war er so schön und edel von Aussehen, wenn er unter seinen Freunden saß, daß jedermann das Herz im Leibe lachte» (SNORRI). Auch in Klausens Vision ist der Wanderer ein Bettler und Sänger, und *die Kleidung stimmt sogar bis auf die Farbe des Mantels überein.* Im Mittelalter übernahm Ahasver, der Ewige Jude, diese Rolle des Wotans[20]. In der Innerschweiz ist Wotans Heer von lieblicher Musik begleitet, besonders dann, wenn er freundlich gesinnt auftritt. Es heißt, «er und sein Gefolge füere fyn lieplich dahär in einem anmüettigen Getön, als ob sy allerley Seitenspiel by inen hettend[21].» Odin gilt an vielen Orten als zauberischer Spielmann, der umgeht und durch sein magisches Spiel die Lebendigen ins Totenreich weglockt[22].

Interessant ist, daß diese Vision als ein Erlebnis einer «geistigen Wanderung» geschildert ist. Auch dies paßt in den Zusammenhang: Die nordischen Schamanen, wie überhaupt viele primitive Medizinmänner, kennen alle diese «große Reise» im Geiste, während welcher der Körper meistens wie tot zu Hause liegen bleibt. Besonders gilt dies für die von Wotan Ergriffenen[23], und gerade aus Bruder Klausens Gegend werden noch aus dem 16. Jahrhundert solche Geschichten berichtet, wie Wotan einzelne entrückt und gelegentlich bis nach Mailand

---

[19] Er hieß z. B. Sidhoettr (= der Breithutige); vgl. W. MENZEL, «Odin», Stuttgart 1855, p. 166 f.
[20] Vgl. C. G. JUNG, «Aufsätze zur Zeitgeschichte», Zürich 1946, p. 5: «Der rastlose Wanderer Wotan, der Unruhestifter, der bald hier, bald dort Streit erregt oder zauberische Wirkung übt, war zuerst durch das Christentum in einen Teufel verwandelt worden und flackerte nur noch wie ein Irrlicht durch stürmische Nächte, als ein gespenstischer Jäger... Die Rolle des friedlichen Wanderers aber übernahm die im Mittelalter entstandene Figur des Ahasver, der keine jüdische, sondern eine christliche Sage ist; d. h. das Motiv des Wanderers, der Christum nicht angenommen hat, wurde auf den Juden projiziert...»
[21] R. BRANDSTETTER, l. c., p. 137; vgl. auch p. 138 und 139: «es tönt mit allerley Seittenspiel, Harpfen, Luten, Gygen, Zittern, Violen, Triangel und derglychen»; vgl. ebenso p. 129.
[22] Vgl. A. LÜTOLF, l. c., p. 47.
[23] Vgl. M. NINCK, l. c., p. 100 ff.

entführt[24]. Offenbar ist auch Bruder Klaus auf solche «Reisen im Geiste» gegangen, welche sehr an die JUNGsche Methode der aktiven Imagination erinnern[25]. Der Biograph J. J. EICHHORN[26] berichtet, es gehe die Sage, daß Bruder Klaus einmal von den Seinigen «in Verzückung gefunden worden sei, aufrecht mit dem Rücken an die Zellenwand gelehnt mit aufwärtsgewandten, verdrehten Blicken, offenem Mund und ‚schreckbarem' Gesichtsausdruck. Und als er wieder zu sich gekommen, habe er zu den Umstehenden gesagt: ‚Mine Kind, ich bin zu dorff gesyn.' Das heiße: ‚Ich habe im Geiste meine Freunde besucht'[27].» DURRER interpretiert dies als Ausdruck für die Freude, die er an der Kontemplation empfand, und vergleicht es mit Bruder Klausens Ausspruch, daß die «Betrachtung» wie ein Tanz schmecke[28]. Diese ekstatischen Reisen sind aber auch eine besondere Wirkung des «Türst» (= Wotan) und gehören im weiteren zu den klassischen Aktivitäten der Schamanen und Medizinmänner aller Erdteile[29].

Wenn der «Türst», das ist Wotan, in der Innerschweiz wohlwollend erscheint, spielt sein Heer der «säligen Lütt», wie erwähnt, schöne Musik, und er selber zeigt sich als «großmächtiger Herr». In der Vision des Bruder Klaus ist es allerdings der vornehme Wanderer selber, welcher die Musik erzeugt[30] – und der ganze Kosmos antwortet ihm. Dies erinnert an die hippokratische Idee der «ulomelie», eines ganzheitlichen Zusammenstimmens aller Dinge in der Natur[31], und in

---

[24] R. BRANDSTETTER, l. c., p. 131 ff.; vgl. auch l. c., p. 111/12, 127 ff.
[25] Über diese vgl. JUNGS Einleitung zu R. WILHELM, «Das Geheimnis der goldenen Blüte», Berlin 1929, p. 15 ff.
[26] D., p. 979.
[27] Vgl. auch das Porträt (D., p. 776), das ihn darstellt, «als er verschaiden oder wann er in verzuckung des geysts gewesen».
[28] D., p. 980.
[29] Vgl. M. ELIADE, l. c., p. 143, 296 f., 343 ff. und 363 f., sowie P. HERRMANN, l. c., p. 43 ff.
[30] Nach W. MENZEL, «Odin», Stuttgart 1855, p. 181, galt Wotan als der Erfinder des Gesanges (Ynglinsaga, 6). Er ist auch der Herr der «Wunschgeige» oder einer Geige, welche töten und wieder lebendig machen kann.
[31] Vgl. C. G. JUNG, «Synchronizität als ein Prinzip akausaler Zusammenhänge», in: C. G. JUNG und W. PAULI, «Naturerklärung und Psyche», Zürich 1952, p. 74. Vgl. auch l. c., p. 77. JUNG bezeichnet die Voraussetzung des Synchronizitätsphänomens auch als ein «ursacheloses Angeordnetsein» (p. 103), und dieser Wanderer erscheint hier gleichsam als dessen «Herr».

diesem kosmischen «Einklang» scheint der Wanderer gleichsam die Schlüsselposition zu besitzen. Dies dürfte wohl auf etwas wie die Basis der einzelnen Synchronizitätsphänomene hinweisen, wie wir ja oft beim plötzlichen Erleben eines Sinnzusammenhangs Ausdrücke, die von einem Schloß oder Schlüssel herstammen, gebrauchen: engl. «it clicks», bayr. «jetz hot's gschnakelt[32]». Auch der Stein der Weisen wurde deshalb von den Alchemisten oft mit dem «Schlüssel Davids» verglichen, «der schließt, und niemand öffnet; der öffnet, und niemand schließt[33]».

Eine Verbindung zwischen der Idee des Verschließens und derjenigen des Gesanges findet sich in einem grönländischen Bericht[34] über einen sogenannten *Seid* (= eine Art von Schamanensitzung), welchen eine Völwa, das ist eine Seherin oder Schamanin, abhielt. Bevor letztere ihren Zauber beginnt, verlangt sie zuerst, daß man ihr Frauen herbeischaffe, welche den «vardlok(k)ur» (= Geisterverschluß) singen können. Es ist dies ein wunderschöner Gesang, der die Schutzgeister herbeilockt, mit deren Hilfe die Schamanin alle Fragen hellsichtig beantwortet, zaubert und Verborgenes offenbart. Auch in Bruder Klausens Vision folgt *nach dem Gesang des Wanderers eine Offenbarung der Wahrheit* und der seelischen Innenwelt des Menschen. Auch von den Zauberliedern, welche Odin von den Riesen erwarb, heißt es in der Edda, sie seien vorher «verschlossen» gewesen; und ein Skalde, *Egil*, singt deshalb[35]: «Walvater raubt einst / wonnigen Trank / Jubelnden Lieds / aus Jötungheim [Jöten = Riesen] / Des Gedankens Burg / birgt ihn bei mir / Kummer quält mich / sonst quöll er hervor.» Wir sagen ja auch noch heute: «jemandem die Zunge *lösen*», und sprechen von «Verschlossenheit». Die von Wotan erzeugte Stimmung aber

---

[32] Amerikanisch von einem Automaten: «the penny dropped.»
[33] Vgl. Off. Joh. III, 7/8, und «Rosarium philosophorum», in: «Artis Auriferae quam Chemiam vocant», Bd. 2, Basel 1610, p. 181: «Die Philosophen sprechen vom Salz und nennen es Seife der Weisen und Schlüsselchen, das schließt, und niemand öffnet, und wiederum schließt, und niemand kann es öffnen; ohne dieses Schlüsselchen, sagen sie, kann niemand in dieser Welt zur Vollendung dieser Wissenschaft gelangen.» Und l. c., p. 162: «Dieser Stein ist nämlich ein Schlüssel, denn er ist von *stärkstem Geiste* (fortissimi spiritus).»
[34] Vgl. P. Herrmann, l. c., p. 47/48, und auch Eliade, l. c., p. 367 f.
[35] Zit. nach M. Ninck, l. c., p. 321.

ist dasjenige, was dem Gefühl, der dichterischen Ekstase und der hellseherischen Trance die Schlösser öffnet, und deshalb erscheint auch der Wanderer als Herr dieses Geheimnisses[36].

Die vorschießende Feder erinnert an ein Schnappschloß: vielleicht spielt daher auch die Vorstellung eines verschlossenen Schatzes mit hinein oder weist darauf hin, daß in diesem Wirken eine starke autonome psychische Dynamik lebt – ein plötzlicher Impuls und zugleich ein «verschlossenes» Geheimnis. Der Wanderer will ja auch nichts über sich aussagen: weder wer er sei noch woher er komme. So sagte auch einst schon Odin von sich[37]: «Viele Namen führ' ich, immer, seit ich fuhr im Volk umher.»

Trotzdem ist auch hier wieder ein christliches Motiv mit einbezogen, denn der Wanderer singt «Alleluja», das Wort christlicher Gottespreisung[38]. Er preist den christlichen Gott, wie ein Engel oder Verklärter es tut, und er ist ihm nicht etwa feindlich gesinnt. Die drei vollständigen Worte, die er singt und die man natürlich immer auf die Trinität bezogen hat[39], erinnern auch an die «tria verba pretiosa» eines arabischen alchemistischen Textes dieses Titels von CALID, worin diese drei kostbaren Worte auf eine progressive Einswerdung der vier Qualitäten im Lapis hinweisen sollen[40]. Bereits der Verfasser der mittelalterlichen «Aurora Consurgens» bezog dann dieses Motiv auf die Dreiteilung von Körper, Seele und Geist und auf die Trinität[41].

Der Alchemist ZOSIMOS[42], der mit den christlichen Lehren vertraut war, sagt vom Lapis[43]: «Unser Stein hat seinen Namen mit dem Welt-

---

[36] Vgl. C.G. JUNG, «Aufsätze zur Zeitgeschichte», Zürich 1946, p. 6: (Wotan) «ist ein Sturm- und Brausegott, ein Entfeßler der Leidenschaften und der Kampfbegier und zudem ein übermächtiger Zauberer und Illusionskünstler, der in alle Geheimnisse okkulter Natur verwoben ist.»
[37] Vgl. M. NINCK, l. c., p. 71.
[38] «Preiset Jahwe!»
[39] Vgl. M.-B. LAVAUD, l. c., p. 53.
[40] «Artis Auriferae...», Basel 1610, 1. Teil, p. 227/28.
[41] Vgl. «Aurora Consurgens» I, Kapitel 12, in: C.G. JUNG, «Mysterium Coniunctionis», l. c., Bd. III.
[42] (= Rosinus.)
[43] «Artis Auriferae...», l. c., p. 192; vgl M. BERTHELOT, «Collection des anciens alchimistes grecs», Paris 1887, Bd. I, p. 132.

schöpfer gemeinsam; denn er ist dreieinig und einer.» Und die «Carmina HELIODORI[44]» nennen den Stein eine «dreifach selige Quelle» oder einen «Sproß mit drei Angesichtern». Trotz dieser Parallelen kann man natürlich die Trinitätsassoziation als das Wichtigste nicht beiseite schieben. Es erscheint hier vielmehr wieder wie in der vorherigen Vision eine seltsame Vereinigung von christlichen *und* heidnischen Motiven, was eine besondere Tendenz des Unbewußten offenbaren dürfte, nämlich die Gegensätze der chthonisch-heidnischen Vergangenheit und die Instinktgrundlage mit der spirituellen, christlichen Bewußtseinseinstellung zu versöhnen.

Obwohl der Wanderer weder den Ort seiner Herkunft noch sein Ziel noch seinen Namen angeben will, so enthüllt er sich doch gleichsam indirekt, denn er hat nun plötzlich Mantel und Hut nicht mehr an, sondern einen blauen oder grauen Rock[45], und er ist «so adelig und schön zu sehen», daß Bruder Klaus «wollust und begir» empfindet, ihn anzuschauen. Seine Haut ist braun, seine Augen «schwarz wie der Magnet», und seine schönen Glieder sind sichtbar durch die Kleider hindurch. Der «Türst» (= Wotan) wird ganz ähnlich in RENWARD CYSATS Berichten geschildert, nämlich als ein schwarzer, schlanker Mann mit langer Nase[46], der wie ein «großer, mächtiger Herr» oder ein «wolgebuzter» Adeliger und Kriegsmann auftritt. Schon im Bericht des isländischen Chronisten SNORRI STURLUSON heißt es von Wotan, daß er vornehmer war als alle anderen Götter und daß er sie alle Künste und Fertigkeiten lehrte[47]. Er verstand außerdem «die Kunst, Ansehen und Gestalt nach Belieben zu wechseln[48]».

Obwohl er in manchen Versionen bei den alten Germanen als schwachsichtig oder blind oder einäugig bezeichnet wird[49], im Gegensatz zu unserem Text, worin er «schwarze Augen wie der Magnet» hat, so heißt Odin doch auch manchmal schon in alten Texten «Bāleygr»

---

[44] Ed. G. GOLDSCHMIDT, Gießen 1913, p. 29.
[45] Das ist eben die klassische Tracht Wotans; vgl. auch M. NINCK, l. c., p. 9, 11 und 70.
[46] R. BRANDSTETTER, l. c., p. 139.
[47] Zit. aus M. NINCK, l. c., p. 6 und p. 70.
[48] Vgl. M. NINCK, l. c., p. 73. Die Römer identifizierten ihn bekanntlich mit Merkur.
[49] M. NINCK, l. c., p. 72.

(= flammäugig)[50]. Bruder Klaus hatte übrigens selber feurige, dunkle Augen[51].

In Bruder Klausens Vision kommt der Wanderer von da, wo im Sommer die Sonne aufsteht – das hat ebenfalls mit dem Motiv der Musik zu tun. Nach JAKOB GRIMM gehören nämlich das gotische Wort «swigla» (= Flöte) und altgerm. «swegel» (= Himmel) und «swegle» (= strahlend) etymologisch zusammen; ebenso ist unser Wort «hell» wahrscheinlich verwandt mit «hallen» = «tönen[52]». Christlich gesehen, ist der Osten eine Allegorie Mariae oder Christi: in der Adventzeit singt die Kirche: «O oriens splendor lucis aeternae et sol iustitiae, veni et illumina sedentes in tenebris et umbra mortis[53].» Psychologisch gesehen, kommt der Wanderer vom einen Bereich des Unbewußten her, wo sich eine neue «Erleuchtung» für die Menschen vorbereitet.

In der nachfolgenden Szene in Bruder Klausens Vision wird der Pilgrim zur alles offenbar machenden Wahrheit. Auch Wotan trägt u. a. den Titel «Sannr» = «wahr[54]», weil er die Urwahrheit einst von Mimir erhalten hatte[55] und weil er Hellsichtigkeit in alles Verborgene besitzt und verleiht[56]. SNORRI STURLUSON nennt ihn deshalb den «Liederschmied, der sich mit seinen Liedern Erde, Berge und Felsen öffnen konnte und nehmen, was darinnen war[57]».

Auch in Bruder Klausens Vision folgt als nächste entscheidende Peripetie das Sich-Abplatten des Pilatus, wodurch sich der Pilgrim «die ganze Welt eröffnet». Von Sachseln aus gesehen, versperrt der Pilatus

---

[50] L. c., p. 73.
[51] Die Farbe Wotans ist nach M. NINCK, l. c., p. 82, bald schwarz, bald hell.
[52] Vgl. auch J. W. GOETHE: Die Sonne *tönt* nach alter Weise... M. NINCK erwähnt (p. 166) einen plattdeutschen Ausdruck, «de krik vam dage» = «das Schrillen des Tages».
[53] Zit. aus M.-B. LAVAUD, l. c., p. 55; vgl. dort die weiteren Belege.
[54] M. NINCK, l. c., p. 73.
[55] L. c., p. 308: Die Walkyre belehrt *Sigurd* über die Runen: «Sie hat *Hropt (Odin)* erdacht, sie hat Hropt geritzt und die Deutung den Leuten gelehrt, vom Tranke berauscht... Auf dem Berge stand er mit Brimirs Schneide / Auf dem Haupte trug er den Helm / *Da murmelte weise Mims Haupt zuerst, und wahre Worte sprach's.*»
[56] L. c., p. 313.
[57] M. NINCK, l. c., p. 7. Er sprach nur in Reimen.

tatsächlich wie ein bedrückender Block die ganze Aussicht nach Nordwesten, wohin offenbar Bruder Klaus seine Idee von «Welt» projizierte, denn als er fortwollte, ging er in diese Richtung davon. Der dreigipflige Pilatus ist aber nicht nur *der* numinose und jene Gegend völlig beherrschende Berg, sondern er ist nach der Lokalsage auch *der* Ort par excellence, wo «Wuott ins Heer» am häufigsten spukt[58], und zwar besonders auf einem graslosen, viereckigen Felsplatz auf dem Gipfel[59]. NINCK bezeichnet deshalb den Pilatus als eigentlichen Odinsberg[60]. Alte Chroniken deuteten den Namen als «mons pileatus», den Berg mit der Tarnkappe[61]. Das Verschwinden des Pilatus ließe sich demnach leicht so erklären, daß er gleichsam unsichtbar wird. Ein anderer Name des Pilatus war «Fracmont» («Freckmünd» usw.), was von «fractus mons», dem zerbrochenen Berg («Brochen Birg»), herkommt[62]. Die materielle Masse, welche die Sicht blockiert, verschwindet, und dafür öffnet sich die Welt, d. h. das Wesen der Welt, und es wird – wie sich zeigt – auch das Innere der Menschenherzen sichtbar, und das Gebresten des Eigennutzes wird bloßgelegt, und die Menschen stieben vor dem Angesicht der «Wahrheit» auseinander wie Leute, die das Feuer nicht ertragen können. Wie Wotan weiß also auch dieser Pil-

---

[58] Vgl. R. BRANDSTETTER, l. c., p. 122.

[59] L. c., p. 110, und M. NINCK, l. c., p. 78. Nach LÜTOLF liegt am Pilatus ein sogenannter Gnappstein, der von einer keltischen Kultstätte herrühren soll; l. c., p. 20 ff. Über den Pilatus vgl. auch l. c., p. 26.

[60] Vgl. M. NINCK, l. c., p. 85: ‹Daß Wodan-Odin der Berge Herr ist und häufig als in den Bergen schlafend gedacht wird, werden wir noch sehen. Ein solcher Götterberg war der Pilatus. Noch zur Zeit CYSATS stieg man nur mit Grauen hinauf, da er ‚mit bösen Gespenstern treffentlich beladen' war. In den kleinen See unterhalb des Gipfels, der für grundlos gehalten wurde, war einst der Geist Pilati beschworen worden, und vom Gerichtsakt durch den Exorzisten oder Beschwörer erkannte das Volk die Spur in dem ‚gevierten Platz, den man daselbst uff disem Spitz zeigt, ungefar einer großen Stuben oder Sals breit jn das Geviert gformiert, aller unfruchtbar und graßlos'. Da die Sage vom Wüetisheer und der wilden Jagd im Bereich des Berges besonders lebendig ist, darf man annehmen, daß der dreigezackte, hoch über das Land ragende Pilatus der Berg Wodans, des Sturmgottes, des Allvaters, Raters (daher der Thingbezirk) und Zauberers (daher der Exorzismus) war. Denn wie das Wüetisheer deutlich auf Sturm und Wetter bezogen wird, so ist auch der Pilatus Wetterberg... den Bergnamen führen alte Chroniken auf ‚mons pileatus', ‚behelmter, bekappter Berg', zurück. Odins Hut ist die Nebelkappe der Wetterberge...› Vgl. auch l. c., p. 134/35, und A. LÜTOLF, l. c., p. 26.

[61] Vgl. A. LÜTOLF, l. c., p. 26.

[62] Vgl. A. LÜTOLF, l. c., p. 20 ff.

grim einen Zauber, durch den sich Berge und Felsen öffnen[63], aber darüber hinaus offenbart er auch die innerseelische Welt und den Eigennutz im Herzen der Menschen. Eigennutz ist ja auch dem Gott Wotan das Widrigste, da er *der* Gott der Ergriffenheit, der Minne und der bedingungslosen Hingabe ist[64].

In Wotan verkörpert sich, wie JUNG darlegt[65], «die triebmäßig-emotionale sowohl wie die intuitiv inspirierende Seite des Unbewußten, einerseits als Gott der Wut und Raserei, andererseits als Runenkundiger und Schicksalskünder. Obwohl er von den Römern als Merkur identifiziert wurde, so entspricht seiner Eigenart eigentlich kein römischer oder griechischer Gott. Mit Merkur hat er das Schweifende gemein, mit Pluto die Totenbeherrschung, ebenso mit Kronos; mit Dionysos verbindet ihn die Raserei.» Eine weitere Parallele wäre nach JUNG der hellenische Offenbarungsgott Hermes, der als Pneuma und Nous Windbedeutung hat. Er wäre die Brücke zum christlichen Pneuma und zu den Erscheinungen des Pfingstwunders. Hermes ist als «Poimandres» ebenfalls ein Ergreifer der Männer[66]. Man könnte den Wanderer in Bruder Klausens Vision als einen «Geist der Wahrheit» deuten, der aber die emotionalen, ursprünglichen Komponenten der Ergriffenheit stärker beibehalten hat als die übliche Vorstellung des Heiligen Geistes, ein Geist der Wahrheit, der nicht «von oben» auf den Menschen herabkommt, sondern aus der Tiefe seines Instinkts aufsteigt. Der Wanderer bittet Klaus um eine Gabe, und er zeigt sich ihm zuletzt in der Vision als der Erreger der Liebe und als das Geheimnis der Minne. Er spricht somit zu einem ekstatischen Gefühl, dem jede engherzige Ichhaftigkeit im Wege steht. Dann verwandelt sich das Antlitz des Pilgrims «einer Veronika gleich», und er nimmt wieder eine neue Gestalt an – einer der Beinamen Wotans ist ja «Svipall» = «der Veränderliche» oder «Grimmir» = «der Maskierte» und «Tveggi[67]» =

---

[63] M. NINCK, l. c., p. 7 und p. 137.
[64] Nach SNORRI kennt er auch alle vergrabenen Schätze; vgl. M. NINCK, l. c., p. 137.
[65] «Aufsätze zur Zeitgeschichte», l. c., p. 17.
[66] C. G. JUNG, l. c.
[67] M. NINCK, l. c., p. 73; vgl. auch l. c., p. 6.

«der Zweifache», und all diese Namen beziehen sich auf eben diese seine Fähigkeit, die Gestalt zu wechseln.

Die Fortsetzung der Vision lautet:

«Und sein Antlitz wandelte sich einer Veronika gleich, und er [Bruder Klaus] hatte ein großes Verlangen, ihn mehr zu schauen. Und er sah ihn wiederum, wie er ihn vorher gesehen hatte, aber seine Kleider waren verwandelt, und [er] stand vor ihm und war mit einer Bärenhaut bekleidet, mit Hose und Rock. Die Bärenhaut war besprengt mit einer Goldfarbe. Aber er sah, und er erkannte wohl, daß es eine Bärenhaut war. Die Bärenhaut zierte ihn besonders gut, so daß der Mensch [Bruder Klaus] sah und erkannte, daß es eine besondere Zierde an ihm war. Und wie er vor ihm stand und sich sehen ließ so adelig in der Bärenhaut, da erkannte er [Bruder Klaus], daß er von ihm Abschied nehmen wollte. Er sprach zu ihm: ‚Wo willst hin?' Er sprach: ‚Ich will das Land hinauf.' Und weiter wollte er ihm nicht sagen. Und als er von ihm schied, sah er ihm unverdrossen nach. Da sah er, daß die Bärenhaut an ihm glänzte[68], minder oder mehr, wie einer, der mit einer wohlgefegten Waffe hantiert[69], und deren Gleißen[70] man an der Wand sehen kann. Und er dachte, es wäre etwas, das vor ihm verborgen wäre. Und da er [der Wanderer] von ihm weg war, vier Schritte oder beiläufig, da kehrte er sich um und hatte den Hut wieder auf, zog ihn ab und neigte sich gegen ihn und verabschiedete sich von ihm[71]. Da erkannte er an ihm eine solche Liebe, die er zu ihm trug[72], daß er ganz in sich geschlagen wurde und bekannte, daß er diese Liebe nicht verdiente, und er erkannte[73], daß die Liebe in ihm war. Und er sah in seinem Geist, daß sein Antlitz und seine Augen und sein ganzer Leib so voll minnereicher Demut war wie ein Gefäß, das zugefüllt ist mit Honig, so daß kein Tropfen mehr darein mag. Da sah er ihn [den Wanderer] weiterhin nicht mehr, aber er war so gesättigt[74] von ihm, daß er nichts mehr von ihm begehrte. Es schien ihm, er hätte ihm kundgetan[75] alles, was im Himmel und auf Erden war.»

---

[68] «glestet.»
[69] «umfart.»
[70] «und er den glitzten.»
[71] «gnadet im.»
[72] «die er an in leit.»
[73] Diese drei Worte sind bei STOECKLI ausgelassen.
[74] «benuogsam.»
[75] «berichtet.»

Was den Ausdruck, daß er sich «einer Veronika gleich wandelte», betrifft, so ist die Deutung etwas unsicher. STÖCKLI meint[76], der Wanderer habe einen Ausdruck angenommen «wie auf dem Schweißtuch Christi». Dies ist meines Erachtens zutreffend und um so wahrscheinlicher, als gerade in jener Gegend eine Sage verbreitet war, welche die Gestalt des Pilatus mit dem Tuch der heiligen Veronika in Verbindung bringt. Eine Handschrift aus dem 15. Jahrhundert erzählt[77], «wie die Veronica ist gen rom komen und wie pylatus ist komen in die Tiber ze rom und in rotte [Rhone] und in freckmund [= Pilatus][78]». Die Geschichte lautet, daß nach Christi Tod Kaiser Tiberius am Aussatz erkrankt sei. Da habe er seinen Diener Albanus nach Jerusalem gesandt, um einen guten Arzt (eventuell Jesum) zu suchen. Albanus wandte sich an Pilatus, der ihn jedoch hinhielt, da er die Entdeckung der Tötung Christi befürchtete. Aber die Leute wiesen Albanus zu einer frommen Frau, namens Veronika, die ihn darüber aufklärt, was mit Jesus geschehen ist. Sie erzählt ihm dabei auch, daß sie das Bild Jesu auf ein Tuch habe malen lassen wollen, um ein Andenken an ihn zu haben. Aber da sei plötzlich Jesus selber zu ihr getreten, «und do nam mir Christus Jesus unser herre das duoch usser der hant und dett es da trucken an sin heilig götlich antlit und gab es mir do wider. Do wz dz duoch glich als sin heilig antlit in aller lidmäß an farwe und allen dingen. Also beleib mir sin heilig angesicht und die Figur an dem tuoch recht als ob es sin götlich antlit were, do wart dz heilig antlit geheißen feronica nach minem namen[79].» Das Tuch wird hierauf zu einem eigentlichen «heiltum», mit welchem man Kranke heilen kann. Albanus bringt Veronika daher nach Rom, und sie heilt Tiberius. Pilatus aber, dessen Vergehen auf diese Weise ruchbar geworden ist, wird auch nach Rom zitiert und vor Gericht gestellt. Da begeht er Selbstmord. Doch wohin immer man seine Leiche wirft, entstehen schreckliche Unwetter, so daß man ihn sowohl aus dem Tiber als auch später aus der Rhone bei Vienne, wohin man ihn brachte, wieder ent-

---

[76] L. c., p. 26.
[77] Vgl. A. LÜTOLF, «Sagen und Bräuche, Legenden aus den fünf Orten», Luzern 1862, p. 7 ff. Es ist dies ein Codex des 15. Jahrhunderts (1478), der nun im Kloster Engelberg liegt. Die Sage muß aber schon spätestens im 14. Jahrhundert lokal beim Pilatus verbreitet gewesen sein (l. c., p. 20).
[78] «Fractus mons» = Pilatus.
[79] L. c., p. 15.

fernen muß. Man bannt ihn daher endlich in den See am Pilatus. Seither erscheint er dort oft, begleitet von einem roßgestaltigen Dämon. Er sitzt auf einem Thron; sein Haar und sein Bart sind eisgrau. Diese Sage dürfte Bruder Klaus gekannt haben, und es ist daher wahrscheinlich, daß, wenn er sagt, das Antlitz des Pilgrims habe sich «einer Veronika gleich» gewandelt, er damit meint, daß es aussah wie das Antlitz Jesu auf dem Schweißtuch der heiligen Veronika. In der Kunst wird dieses dargestellt als das Antlitz eines Gequälten, ein Gesicht mit einem leidenden Ausdruck. Dies würde zu dem Geschehen passen, das nun folgt, denn in seiner neuen Wandlungsform erscheint der göttliche Besucher nun in eine herrliche Bärenhaut gekleidet, die von Gold besprengt leuchtet. Er ist somit ein «beri-serkr», ein «Bärenhäuter». Diese Art des Gestaltwechsels, der sogenannte Berserkergang, gehört zu Wotan, wobei sein Körper in einem solchen Augenblick wie tot dalag, er selber aber als Tier umging. Er konnte dann in ferne Länder «ausfahren» und große Taten vollbringen[80]. Nicht nur Wotan selber, sondern auch seine Gefolgsleute konnten dasselbe tun. Das Berserkerwesen war oft in angesehenen Familien erblich; der «Anfall» begann mit einem Gefühl von Unrast oder Schläfrigkeit[81], dann fuhr der Held als Bär, Eber oder Wolfsseele aus und tötete seine Feinde[82], manchmal allerdings auch aus Versehen in blindem Wüten die eigene Familie. Nach dem Anfall waren dann die Berserker schwach und leicht zu überwältigen[83]. Im Anfall aber beißen sie in den Schildrand, verschlucken feurige Kohlen und können sogar durchs Feuer schreiten[84]. Die Grundlage des Zustandes ist eine Stimmung, welche «gramr» oder «grimr» heißt, ein Wort, das «Zorn» und «Fürst» zugleich bedeutet[85]. (Dies ergibt für die Visionen des Bruder Klaus eine Beziehung zwischen dem Berserker- und dem Edelmannmotiv!) Es ist dies der «heilige Zorn» Wotans, welcher die Gewähr des Sieges enthält. Der altnordische Ausdruck für «in Berserkerwut geraten» heißt wörtlich: «die Gestalt tauschen» oder «die Hülle wechseln». Es ist dies eine psychische Veranlagung «zum Ausfahren in verwandelter Gestalt, welche

[80] M. NINCK, l. c., p. 34.
[81] M. NINCK, l. c., p. 35 und 40.
[82] M. NINCK, l. c., p. 39/40.
[83] M. NINCK, l. c., p. 35 und 37.
[84] M. NINCK, l. c., p. 37.
[85] M. NINCK, l. c., p. 41.

«hamfong» hieß[86]. Die Wurzel des Wortes «hamr» bedeutet dabei auch «Haut», «Schatten», «Gestalt», «Schutzgeist» und erscheint auch im Wort «hamingja» = «Schutzgeist, Glück[87]», womit bei den Germanen die Anima bezeichnet wird. Da der Berserkerzustand tatsächlich wie ein Leiden beginnt, paßt der Ausdruck, der Pilgrim habe sich «einer Veronika gleich» gewandelt, sehr gut, denn gerade nachher erscheint er ja als Berserker. Auch die dadurch gegebene Assoziation mit einem Tuch, das in der Lokalsage als «heiltum» galt, ist nicht abwegig, sondern deutet an, daß der Pilgrim wie eine «Hülle» den «hamr» = die Seele bzw. den Schutzgeist des Bruder Klaus darstellt.

Immer ist die Berserkerwut auch ein Zustand von Ekstase und *Entrückung*, in welcher der Besessene u. a. unheimliche seelische Fernwirkungen ausüben kann[88].

Wie Jung in einem Brief an Fritz Blanke ausführt[88a], stellt der Bär die theriomorphen Eigenschaften der größeren Persönlichkeit dar. «Bruder Klaus erkennt sich in seiner geistigen Pilgerschaft und in seiner instinktiven (bärenmäßigen, d. h. einsiedlerischen) Untermenschlichkeit als Christus... Die brutale Gefühlskälte, die der Heilige braucht, um sich von Frau und Kind und Freundschaft zu trennen, findet sich im untermenschlichen Tierreich. Daher wirft der Heilige einen Tierschatten... Wer Höchstes und Tiefstes zusammenträgt, ist geheilt, heilig, ganz. Die Vision will ihm andeuten, daß der geistliche Pilger und der Berserker beide Christus sind, und damit bahnt sich ihm die Vergebung der großen Sünde an, welche die Heiligkeit ist (sine peccato nulla gratia). Er ist ja vor Gottes Zorn zu Tode erschrocken... denn dieser Zorn galt ihm, der seine Liebsten und den gewöhnlichen Menschen um Gotteswillen verraten hatte.»

Die Fortsetzung von Bruder Klausens Vision lautet, daß «die Bärenhaut glänzte, minder oder mehr, wie einer, der mit einer wohlgefegten

---

[86] Nur hellsichtige Menschen können die Seele als Bären oder Wolf sehen, andere sehen es nicht; vgl. M. NINCK, l. c., p. 44.

[87] M. NINCK, l. c., p. 43: «Das entsprechende althochdeutsche Wort ‚hamo' bezeichnet ‚Haut', ‚Hülle', ‚Kleidung' und lebt fort in unserem ‚Hemd' und ‚Leichnam' (ahd. Lthhamo = ‚Gestalt', ‚Fleischhülle', ‚lebend', ‚Leib'). Mittelneudeutsch ‚ham' und ‚hamel', englisch ‚heam', ist ‚Nachgeburt', wallonisch ‚hamelette': ‚Glückshaube', ‚Haut' der ‚Gebärmutter', in der Glückskinder geboren werden und die sorgfältig verwahrt oder vergraben wurde, weil sie als Schutzgeist der Kinder galt (vgl. isländ. ‚fylgja' = ‚Nachgeburt'; ursprünglich ‚Schutzgeist').» [88] Vgl. M. NINCK, l. c., p. 44.

[88a] C. G. Jung, «Briefe». Walter Verlag. Olten 1972. Bd. I. p. 449f.

Waffe hantiert und deren Gleißen man an der Wand sehen kann». Und Bruder Klaus denkt dabei, «es wäre etwas, das vor ihm verborgen wäre». Dieses geheimnisvolle Glitzern ist nicht von ungefähr, denn es deutet an, daß der Bärenhäuter ein *göttliches Wesen* ist. Die Wortwurzel des germanischen Gottesnamens «Ziu», ebenso wie des lateinischen «deus» (= Gott) und des altindischen «dēva» (= Gott), weist auf eine etymologische Grundlage zurück, welche sich auf die Helle des *Tageshimmels* bezieht[89]. Das Göttliche ist das Helle, Glänzende, bzw. der Glanz zeigt dessen «Mana» an. Auch die Assoziation mit einer blankgefegten Waffe ist nicht abwegig: alte germanische Schwertnamen lauten z. B.[90] «das Leuchtende», «Siegesglanz», «Flackerglanz»; und als Wotan einmal Gäste in Asgard bewirtet, läßt er abends Schwerter in die Halle bringen, «die waren so blank, daß sie leuchteten, und andere Beleuchtung wurde während des ganzen Gelages nicht mehr gebraucht[91]». Ferner sind im Germanischen die Ausdrücke für «Ehre» und «Ansehen» fast alle verwandt mit einer Wurzel, welche das Helle, Lichte, Klare bedeutet: schwed. «tir» (= leuchten), ahd. «toerr» (= rein, klar), altnord. «teitr» (= froh, strahlend) ist verwandt mit «tîr» (= Zier, Zierde), das auch Bruder Klaus verwendet, um den Glanz der Berserkerhaut zu beschreiben.

Dieses Schimmern des Bärenhäuters hat somit psychologisch etwas mit dem göttlichen «Mana» zu tun, und so ist es verständlich, daß Bruder Klaus es als etwas «Verborgenes», d. h. als ein faszinierendes Geheimnis, empfindet[92].

Dann, als er von ihm scheidet, quillt plötzlich in Bruder Klaus ein seltsames Liebesgefühl zum Wanderer auf, und er erkennt ihn als von Minne erfüllt wie ein übervolles Honiggefäß. Diese Minne, die in dem Bärenhäuter plötzlich aufleuchtet, ist *jene* Form der Liebe oder des Eros, dessen Herr Odin ist. Für ihn leerte man beim Gelage den soge-

---

[89] M. NINCK, l. c., p. 68.
[90] M. NINCK, l. c., p. 248.
[91] M. NINCK, l. c., p. 248; vgl. auch p. 249.
[92] Durch sein Glänzen deutet nämlich der Wanderer etwas an, was er nicht offen sagen will und kann: sein Glanz ist gleichsam eine «Rune», durch die er seine Göttlichkeit andeutet.

nannten Minnebecher[93]. Und Minne ist dabei, wie NINCK betont, ein Wort, das viel mehr als unser Wort «Liebe» enthält – es bedeutet ein intensives liebendes Gedenken[94], besonders auch als *seelische Fernverbindung* mit auf der Reise abwesenden Menschen und mit den Toten. Es ist eine tiefe Inbrunst und zugleich ein treues Bedachtsein in einem Zustand von Versunkenheit und Entrückung zugleich. Aus dieser Minne unter Männern entstand das germanische Gefolgschaftswesen[95]. Eine solche Männerliebe ist ja auch indirekt angedeutet darin, wie Bruder Klaus «wollust und begir» empfindet, den Pilgrim in seiner edlen Gestalt ansehen zu dürfen; und so sieht es fast aus, als ob ihn der Berserker zur Gefolgschaft im germanischen Sinn verführen wollte[96].

Nicht abwegig ist auch Bruder Klausens Gleichnis vom Gefäß voller Honig, wenn man an den Minnebecher der Germanen denkt; denn Honig ist ein wesentlicher Bestandteil des Dichtermets, welcher die Ekstase verleiht[97], und Honig findet sich auch im Nektar, dem Trank der Unsterblichkeit[98]. Nach PARACELSUS bedeutet Honig «die Süße der Erden[99]»; so ist er eben ein Bild der Minne, der Unsterblichkeit[100] und ewigen Bezogenheit[101] und der berauschenden Inspiration[102]. «Trink Milch und Honig vor Sonnenaufgang, und in deinem Herzen wird etwas Göttliches sein», sagt schon ein antiker

---

[93] Vgl. M. NINCK, l. c., p. 245, und P. HERRMANN, l. c., p. 70: «Der erste volle Becher gehörte der Minne des Gottes, dem man in diesem Opfer nahte, meist Odin, mit der Bitte um Sieg und Macht. Ebenso trank man auf Njörd und Frey, auf gute Ernte und Frieden, sodann den *Bragebecher*, den Becher des großen Gottes, des Thor, und schließlich zur Erinnerung an die eigenen Blutsverwandten.»

[94] Vgl. M. NINCK, l. c., p. 140 ff.

[95] Vgl. M. NINCK, l. c., p. 245, Fußnoten 1 und 2.

[96] Das war auch schon angetönt in der Drei-Männer-Vision, in der Bruder Klaus von den drei Männern aufgefordert wurde, sich ihnen in «Knechtschaft» zu ergeben.

[97] M. NINCK, l. c., p. 323.

[98] Vgl. K. WYSS, «Die Milch im Kultus der Griechen und Römer», Gießen 1914, p. 12, über Milch und Honig im Kult der *Venus*. Über den Met vgl. p. 19.

[99] Vgl. C. G. JUNG, «Mysterium Coniunctionis», l. c., Bd. II, letztes Kapitel, passim.

[100] Vgl. W. ROBERT-TORNOW, «De apium mellisque apud veteres significatione», Berlin 1893, p. 121.

[101] Vgl. K. WYSS, l. c., p. 26 ff., über den Honig als Totenopfer als μείλιγμα zum besänftigenden Erfreuen der Totenseele.

[102] Vgl. K. WYSS, l. c., passim; daher die Bedeutung des Honigs im Dionysos- und in den anderen Mysterienkulten.

Zauberpapyrus[103]. Er ist auch die Speise der Götter[104]. In Indien ist der Honig seltsamerweise auch ein Symbol für den Kontakt aller Wesen im All mit dem Selbst, dem Anthropos («puruṣa»). So heißt es in der *Bṛhadānyaka-Upaniṣad* II, 5[105]: «Dieses Selbst ist aller Wesen Honig. Diesem Selbste sind alle Wesen Honig. Und was in diesem Selbste jener aus Lichtenergie, aus dem dem Todlosen gebaute ‚puruṣa' ist, was jener ‚ātman', d. h. der aus Lichtenergie, aus dem Todlosen gebaute ‚puruṣa', das eben ist jener Urātman, jener Todlose, jener ‚brahman'. Das ist das Weltall.» Auch in diesem Text ist der Honig ein Bild des liebendes Kontaktes aller Wesen im Selbst in seiner Gestalt als makrokosmischer Anthropos (= «puruṣa»).

Psychologisch gesehen, ist die Minne in Bruder Klausens Vision gleichsam der positive Aspekt jener bedrohlichen roten Farbe, welche in der Liestal-Episode Bruder Klaus so erschreckt hatte. Denn wie C. G. JUNG, «Von den Wurzeln des Bewußtseins», ausführt[106], stellt die

---

[103] Vgl. A. DIETERICH, «Eine Mithrasliturgie», Leipzig 1923, p. 171.
[104] Vgl. K. WYSS, l. c., p. 39, und W. ROBERT-TORNOW, l. c., passim.
[105] Zit. nach I. W. HAUER, «Symbole und Erfahrung des Selbstes», «Eranos-Jahrbuch» 1934, p. 71.
[106] L. c., p. 413. JUNG führt dort Stellen an, wonach der alchimistische Lapis ein Blut von rosenfarbener Farbe ausschwitzen werde, «kein natürliches, d. h. gewöhnliches, sondern ein symbolisches Blut, eine Seelensubstanz, die *Veranschaulichung* eines gewissen Eros, der im Zeichen der Rose den einzelnen sowie die vielen einigt und ganz macht... Die Stimmung dieses Eros hat GOETHE in seinen ‚Geheimnissen' trefflich gekennzeichnet. Dergleichen Erscheinungen wie auch das Aufkommen der Idee und Gefühlslage der christlichen Charitas (ἀγάπη) deuten immer auf einen entsprechenden gesellschaftlichen Defekt hin, welchen sie kompensieren. Welches dieser Mangelzustand in der Antike war, läßt sich aus der zeitlichen Entfernung deutlich erkennen, und auch im Mittelalter mit seiner grausamen und unzuverlässigen Rechtsprechung und seinen feudalen Verhältnissen war es um die Menschenrechte und Menschenwürde übel bestellt. Man sollte meinen, daß solchen Zuständen gegenüber die christliche Nächstenliebe eben gerade an der richtigen Stelle wäre. Was aber geschieht, wenn sie blind und einsichtslos ist?... Die Liebe allein nützt nichts, wenn sie nicht auch Verstand hat. Zum richtigen Gebrauch des letzteren braucht es ein erweitertes Bewußtsein und einen höheren Standpunkt, der den Umfang des Horizontes vergrößert... Gewiß braucht es... Liebe, aber eine Liebe, die mit Einsicht und Verstand gepaart ist. Die Funktion des letzteren ist, Bezirke, die noch dunkel sind, zu erhellen und dem Bewußtsein durch ‚Begreifen' zuzuführen, und zwar außen, in der Umwelt, sowohl wie auch innen, in der Innenwelt der Seele. Je blinder die Liebe, desto triebhafter ist sie und droht mit destruktiven Folgen, denn sie ist eine Dynamis, welche der Form und der Richtung bedarf...» Vgl. auch l. c., p. 412. In seinen «Consultationen» zeigte Bruder Klaus sehr viel von diesem mit Verstehen gepaarten Eros.

«rote Farbe» oder «rote Tinktur» der Alchemisten psychologisch eine spezifische Form des Eros, der Gefühlsbezogenheit, dar, in welcher sich Liebe mit Verstehen einigt und im Gegensatz zur kollektiven, konventionell-christlichen Nächstenliebe eine bewußtere, individuellere und tiefere Bezogenheit zum Mitmenschen symbolisiert, wie sie gerade zur Zeit von Bruder Klaus auch manche andere Mystiker zu entwickeln suchten.

Man versteht somit nun, daß der Wanderer im Weggehen dem Bruder Klaus ein eigenartiges Glücksgefühl hinterläßt. Es heißt: Er fühlte sich so völlig «benuogsam», daß er nichts mehr von ihm begehrte, und er hatte den Eindruck, als hätte er ihm alles «berichtet» (= kundgetan), was zwischen Himmel und Erde sei. Irgendwie scheint der «Berserker» eine Sphäre von «absolutem Wissen» um sich herum zu haben, die einen Allzusammenhang, eine «ulomelie» des Kosmos, andeutet[107]. Wie nämlich Jung in seinem Aufsatz «Synchronizität als ein Prinzip akausaler Zusammenhänge» darlegt[108], scheint den Archetypen des kollektiven Unbewußten ein psychoider Aspekt zuzukommen, der sie auch als anordnende Faktoren im physikalischen Geschehen erscheinen läßt. Der gemeinsame Nenner der innerseelischen und äußeren Ereignisse ist die *sinngemäße Koinzidenz*. Auf diesen Aspekt der Wirklichkeit scheint auch der chinesische Begriff des Tao hinzuweisen. Von ihm sagt Ch'uang-Tse[109]: «Das äußere Hören darf nicht weiter eindringen als bis zum Ohr; der Verstand darf kein Sonderdasein führen wollen, so wird die Seele leer und vermag die Welt in sich aufzunehmen. Und der Sinn (Tao) ist's, der diese Leere füllt.» Und: «Wer Einsicht hat, der gebraucht sein inneres Auge, sein inneres Ohr, um die Dinge zu durchdringen, und bedarf nicht des verstandesmäßigen Erkennens.» Wie Jung hervorhebt[110], wird damit offenbar

---

[107] Zu diesem Begriff vgl. C.G. Jung und W. Pauli, «Naturerklärung und Psyche»; bzw. C.G. Jung, «Synchronizität als ein Prinzip akausaler Zusammenhänge», Zürich 1952, p. 33/34. Basierend auf einer über der Zufallswahrscheinlichkeit stehenden Häufigkeit sinngemäßer Koinzidenzen, sagt Jung: «In allen diesen und ähnlichen Fällen scheint ein a priori bestehendes, kausal nicht zu erklärendes Wissen um einen zur betreffenden Zeit unwißbaren Tatbestand vorzuliegen.»

[108] L. c., «Studien aus dem C.G. Jung-Institut», Zürich 1952.

[109] L. c., p. 73.

[110] L. c., p. 73/74.

«auf das *absolute Wissen des Unbewußten* hingewiesen bzw. auf das mikrokosmische Vorhandensein makrokosmischer Ereignisse». Dies ist «keine Kenntnis, die mit dem Ich verbunden wäre, also kein bewußtes, wie wir es kennen, sondern vielmehr ein an sich bestehendes oder vorhandenes ‚unbewußtes' Wissen, das ich als ‚absolutes Wissen' bezeichnen möchte. Es ist darunter keine intellektuelle Erkenntnis zu verstehen, sondern, wie LEIBNITZ treffend formuliert, ein Vorstellen, das aus subjektlosen ‚simulacra', aus Bildern, zu bestehen scheint. Diese postulierten Bilder sind vermutlich dasselbe wie die ... Archetypen ... In moderner Sprache ausgedrückt, würde die Idee des Mikrokosmos, der die Bilder ‚aller Kreatur' enthält, das kollektive Unbewußte darstellen[111].» Die Berührung mit letzterem vermittelt oft ein solches Erlebnis einer Erleuchtung wie eines simultanen, nicht diskursiven Realisierens aller Weltgeheimnisse.

Solche zunächst vielleicht fernabliegende Überlegungen kommen deshalb für die Deutung der Vision Bruder Klausens in Betracht, weil der Pilgrim in der Bärenhaut zweifellos ein archetypisches Bild darstellt, das man psychologisch als eine Personifikation des Selbst ansehen muß. Letzteres aber ist der zentrale Inhalt des kollektiven Unbewußten, und es ist daher naheliegend, daß das Erscheinen dieses Inhaltes etwas von dem «absoluten Wissen» des kollektiven Unbewußten mitkonstelliert, und darum erlebt es Bruder Klaus, daß ihm durch die Begegnung mit dem Wanderer gleichsam mit einemmal alles zwischen Himmel und Erde offenbart worden sei.

Als Bild des Selbst ist dieser Pilgrim natürlich auch eine Parallelgestalt zu Christus[112], aber sie vervollständigt das Bild Christi gleichsam nach unten ins Tierreich und in die Weite der Natur und reichert es um Züge an, welche die dogmatische Gestalt nicht – oder noch nicht – so explicite besitzt: nämlich die Minne und das Geheimnis der Tierkraft und jenes erwähnte Element des «absoluten Wissens». Der Berserker hat sich in Bruder Klaus andeutungsweise inkarniert, denn

---

[111] L. c., p. 78 ff.; vgl. auch p. 87 und p. 91.
[112] Wie bereits JUNG hervorhebt.

er selber vermochte dann den Leuten ihren Eigennutz aufzudecken wie die «Wahrheit[113]», und er hat auch oft auf jenes ekstatische Gefühl der Gottesminne hingewiesen, das er offenbar innerlich erlebt hat. Sagte er doch einem Jüngling aus Burgdorf, der ihn bezüglich der Meditation konsultierte[114], Gott wisse es zu machen, daß dem Menschen die Kontemplation so schmecke, «als ob er zum Tanze ginge», und umgekehrt wisse er ihn eine Betrachtung so empfinden lassen, «als ob er im Kampfe streite». Auch eines seiner Gebete, das überliefert worden ist, weist in diese Richtung[115]: «O mein Gott und mein Herr, nym mich mir, und gib mich gantz zu aygen dir. O mein Gott und mein Herr, nym von mir alles, das mich hindert gegen dir. O mein Gott und mein Herr, gib mir alles, das mich füerdert zu dir.»

---

[113] Vgl. die *Abt-von-Würzburg*-Episode bei DURRER, l. c., p. 347 (Bericht von JOAN. DE TRITTENHEIM), und CH. JOURNET, l. c., p. 22.

[114] D., p. 407; CH. JOURNET, l. c., p. 26/27; F. BLANKE, l. c., p. 57.

[115] CH. JOURNET, l. c., p. 28; vgl. zur Geschichte der Auffindung dieses Gebettextes l. c., Fußnoten.

DIE BRUNNENVISION

Die neu aufgefundene Luzerner Handschrift läßt auf die Berserkervision ein zweites Gesicht folgen[1]:

«Ein Mensch unterbrach den Schlaf um Gottes willen und um seines Leidens willen. Und er dankte Gott für sein Leiden und seine Marter. Und ihm gab Gott Gnade, daß er darin seine Unterhaltung und Freude fand. Hierauf legte er sich zur Ruhe, und es schien ihm in seinem Schlaf oder in seinem Geist, er käme an einen Platz, der einer Gemeinde gehörte. Da sah er daselbst eine Menge Leute, die taten schwere Arbeit; dazu waren sie sehr arm. Und er stand und schaute ihnen zu und verwunderte sich sehr, daß sie so viel Arbeit hatten und doch so arm waren. Da sah er zur rechten Hand ein Tabernakel erscheinen, wohlgebaut. Darein sah er eine offene Tür [hinein] gehen, und er dachte bei sich selbst: Du mußt in das Tabernakel gehen und mußt sehen, was darin sei, und mußt bald zu der Tür hereinkommen. Da kam er in eine Küche, die einer ganzen Gemeinde gehörte. Da sah er zur rechten Hand eine Stiege hinaufgehen, vielleicht vier Stufen messend. Da sah er einige Leute hinaufgehen, aber wenige. Ihm schien, ihre Kleider wären etwas gesprenkelt mit Weiß, und er sah einen Brunnen aus den Stufen in einen großen Trog zu der Küche fließen, der war von dreierlei: Wein, Öl und Honig. Dieser Brunnen floß so

---

[1] A. STOECKLI, l. c., p. 18/19.

schnell wie der Strahlenblitz[2] und machte ein so lautes[3] Getöse, daß der Palast laut erscholl wie ein Horn. Und er dachte: Du mußt die Stiege hinaufgehen und mußt sehen, woher der Brunnen kommt. Und er verwunderte sich sehr, da sie so arm waren und doch niemand hineinging, aus dem Brunnen zu schöpfen, was sie wiederum so wohl hätten tun können, da er gemeinsam war. Und er ging die Stiege hinauf und kam in einen weiten Saal. Da sah er inmitten des Saales einen großen viereckigen[4] Kasten stehen, aus dem der Brunnen quoll. Und er machte sich an den Kasten und besah ihn. Und als er zu dem Kasten ging, da wäre er fast versunken, wie einer, der über ein Moor geht, und er zog seine Füße rasch an sich und kam zu dem Kasten. Und er erkannte in seinem Geist, wer seine Füße [nicht] rasch an sich zöge, der möchte nicht zum Kasten kommen. Der Kasten war an den vier Ecken beschlagen mit vier mächtigen eisernen[5] Blechen. Und dieser Brunnen floß durch einen Kännel weg und sang[6] so schön in dem Kasten und in dem Kännel, daß er sich darüber höchlich wunderte. Dieser Quell[7] war so lauter, daß man eines jeden Menschen Haar am Boden wohl hätte sehen können. Und wie mächtig er auch daraus floß, so blieb doch der Kasten wimpervoll[8], daß es überfloß. Und er erkannte in seinem Geist, wieviel daraus floß, daß immer noch gern mehr darin gewesen wäre, und er sah es aus allen Spalten[9] herauszwitzern. Und er dachte: Du willst wieder hinabgehen[10]. Da sah er [es] allerseits mächtig in den Trog strömen, und er dachte bei sich selbst: Du willst hinausgehen und sehen, was die Leute tun, daß sie nicht hereingehen, des Brunnens zu schöpfen, dessen doch ein großer Überfluß ist. Und er ging zur Türe hinaus. Da sah er die Leute schwere Arbeit tun und dazu fast[11] arm

---

[2] «wie der glicz von den strallen tuot.» Vielleicht bezieht sich das auch auf die Kristalle, die man beim «Strahlen» auffindet.
[3] «rülichs» (= rauh).
[4] «vierschrotten.»
[5] Von mir dem Original zugefügt.
[6] STOECKLI: tönte.
[7] «brun.»
[8] «brauenvoll.»
[9] «klecken.»
[10] «hinabkommen.»
[11] (= sehr.)

sein. Da beobachtete er sie, was sie täten. Da sah er, daß einer dastand, der hatte einen Zaun geschlagen mitten durch den Platz. In der Mitte des Zaunes hatte er einen Gatter, den hielt er vor ihnen zu mit der Hand [und] sprach zu ihnen: ‚Ich lasse euch weder hin noch her, ihr gebt mir denn den Pfennig.' Er sah einen, der drehte den Knebel auf der Hand und sprach: ‚Es ist darum erdacht, daß ihr mir den Pfennig gäbet.' Er sah Pfeifer, die ihnen aufspielten und ihnen den Pfennig heischten. Er sah Schneider und Schuhmacher und allerlei Handwerksleute, die da den Pfennig von ihm haben wollten. Und ehe sie das alles ausrichteten, da waren sie so arm, daß sie kaum das bekamen. Und er sah niemanden hineingehen, um aus dem Brunnen zu schöpfen. Wie er so stand und ihnen zusah, da verwandelte sich die Gegend und wurde zu [einer[12]] wüsten Steinhalden[13] daselbst und glich der Gegend, die um Bruder Klausens Kirche liegt, wo er seine Wohnung hat, und er erkannte in seinem Geist, dieses Tabernakel wäre Bruder Klaus.»

Diesmal erscheint das Tabernakel mit dem Brunnen *rechts* von Bruder Klaus, das ist in der Richtung nach dem Bewußtsein hin[14], und dementsprechend steht auch diese Vision der bewußten, das ist der christlichen Vorstellungswelt viel näher als die vorhergehende. ALBAN STOECKLI führt zu ihrer Erläuterung eine Stelle aus einer Predigt JOHANNES TAULERS an, worin letzterer von der Einkehr zur eigenen Seele, welche Gott schaut, spricht: und sie findet «es» dort, «wie es aus dem Grunde herausquillt als aus seinem eigenen Brunnen Quell... aber der Brunnen läuft, quillt und wächst.» – TAULER nennt diesen Brunnen «die minnegliche Heimlichkeit des Heiligen Geistes».

Von ältester Zeit her wurde auch Christus mit dem «inneren Fels» («petra interior») eins gesetzt, von welchem die Wasser des Lebens und der Gnade entströmen[15]. Sein Leib (die Kirche) bildet den Fons vitae

---

[12] Von mir eingefügt.
[13] «umrissete.»
[14] Darüber, daß «Rechts» mit Bewußtsein, «Links» mit dem Unbewußten assoziiert ist, vgl. C.G. JUNG, «Psychologie und Alchemie», Zürich 1944, p. 268.
[15] Vgl. z. B. ORIGENES, «Numeri Homil.», 12, 2., zit. H. RAHNER, «Flumina de ventre Christi», Biblica, Bd. 22, Rom 1941, p. 277.

für alle Menschen[16]. Das Wasser selber, das Christo als dem «pneumatischen Fels» entströmt, bedeutet nach BASILIUS die Schau Gottes[17] und auch den Seelengrund des Mystikers, welcher den Logos Christi erlebt; er wird dadurch selbst zu einem «Schatzhaus lebendigen Wassers[18]». CHARLES JOURNET weist ferner als Parallele zu der Vision Bruder Klausens auch auf gewisse bildliche Darstellungen des Mittelalters hin, auf welchen der Lebensquell abgebildet ist[19].

Das Blut Christi wird auf diesen z. B. oft in einem kleineren viereckigen Gefäß aufgefangen, das von den vier Evangelistensymbolen oder den Symbolen der vier Stationen des Lebens Christi: Geburt, Opfertod, Auferstehung und Himmelfahrt, umgeben ist. Von diesem ersten Gefäß strömt das erlösende Blut in ein großes Becken weiter, in welchem die Menschheit sich zur Befreiung von ihren Sünden eintaucht[20]. In einem Altarbild *van Eycks* ist dasselbe Motiv folgendermaßen dargestellt[21]: Die Strahlen der göttlichen Gnade steigen auf einen viereckigen Altar hinunter, auf dem das Gotteslamm liegt. Dessen Blut fließt in einen Kelch und verteilt sich dann durch die sieben Kanäle der Sakramente in ein großes Becken weiter, um welches sich die Kirchen des alten und des neuen Bundes scharen.

Der «vierschrotte» Kasten in Bruder Klausens Vision läßt sich ferner auch mit dem «Schalenaltar» vergleichen, den der bereits erwähnte Alchemist ZOSIMOS von Panopolis in seiner Traumvision erblickte[22], als er sich über das Wesen des alchemistischen «Wassers» Gedanken machte. In der Alchemie gilt das Wasser als das Instrument der Wandlung, und in der Vision des ZOSIMOS werden die Menschen durch das

---

[16] Vgl. z. B. EPHRAEM SYRUS, «Hymni et Sermones», ed. LAMY, Mechliniae 1902, Bd. 1, p. 166, und Bd. 2, p. 130.
[17] Vgl. H. RAHNER, l. c., p. 285.
[18] GREGOR V. NYSSA, zit. l. c., p. 286.
[19] L. c., p. 51.
[20] E. MÂLE, «L'art religieux du XIIIe siècle en France», Paris 1919, p. 52; vgl. CH. JOURNET, l. c., p. 51.
[21] E. MÂLE, «L'art religieux de la fin du moyen âge en France», p. 236, zit. CH. JOURNET, l. c., p. 52.
[22] Vgl. C. G. JUNG, «Von den Wurzeln des Bewußtseins», Zürich 1954, p. 137 ff. und p. 250 ff.

Wasser in Geister verwandelt[23], so wie in Bruder Klausens Vision die Menschen offenbar das geistliche Leben erlangen.

Wie JUNG betont, ist es das Anliegen der ganzen Alchemie, jenes «wunderbare» Wasser, die «aqua divina» oder «permanens», zu finden, das durch die Qual des Feuers aus dem Lapis, d. h. der «prima materia», gezogen wird. «Das Wasser ist jenes «humidum radicale», welches die in den Stoff gebannte «anima media natura» oder «anima mundi» darstellt, eine Stern- oder Metallseele, eine «anima aquina», wie sie auch genannt wird[24]. Dieses Wasser «besitzt Verwandlungskraft. Es wandelt durch wunderbare Abwaschung die Nigredo[25] in die Albedo[26] und hat darum die Virtus des Taufwassers im kirchlichen Ritus[27].» Die letzterwähnte Weißung (Albedo) bedeutet dabei in der Alchemie jene Entwicklungsstufe, in welcher der Rückzug der Projektionen und die Verarbeitung unbewußter Inhalte[28] im Vordergrund stehen, d. h. einen Zustand der Ablösung von der durch Projektion bewirkten Weltbefangenheit. Deshalb gilt auch die weiße Farbe in der kirchlichen Allegorik als Symbol der Unschuld. Wenn in Bruder Klausens Vision nur einige wenige Menschen zum Wasserkasten emporsteigen und ihre Kleider mit Weiß gesprenkelt sind, so zeigt dies an, daß nur wenige Auserwählte diesen Weg der völligen Verinnerlichung gehen und sich vom Wasser des Unbewußten reinwaschen lassen können.

Psychologisch deutet das Bild auf eine Wandlung des bloß natürlichen und somit unbewußten Menschen in ein bewußtes Wesen hin[29]. In diesem Zusammenhang hat das Wasser eine geistige Bedeutung[30] und symbolisiert die wandelnde Kraft des Unbewußten, das ist die numinose Erfahrung des Individuationsprozesses[31], dessen psychische

---

[23] Vgl. C.G. JUNG, l. c., p. 142.
[24] L. c., p. 153.
[25] Schwärze.
[26] Weiße.
[27] Zit. l. c., p. 154.
[28] Vgl. C.G. JUNG, «Mysterium Coniunctionis», Bd. 1, Zürich 1955, p. 168.
[29] Vgl. C.G. JUNG, l. c., p. 161, wonach das Gefäß mit «Nous» gefüllt ist (nach der hermetischen Auffassung).
[30] Vgl. C.G. JUNG, l. c., besonders p. 166–169.
[31] Vgl. C.G. JUNG, l. c., p. 348 f.

Grundlage auch heute noch für uns ein Geheimnis darstellt. Es scheint deshalb auch kein Zufall, daß zu Bruder Klausens Wasserkasten vier «Seigeln» (= Stufen) emporführen, ist doch die Vierzahl mit allen natürlichen Symbolen des Selbst besonders häufig verbunden[32]. Interessanterweise ist aber gerade das *obere* Symbol, der Kasten, durch die Vierzahl ausgezeichnet, das untere hingegen durch die Drei (die drei Röhren), als ob die Vier gegenüber der dem christlichen Denken näherliegenden Dreizahl erhöht wäre. Diese Betonung der Vier weist wohl darauf hin, daß wir hier ein *natürliches Ganzheitssymbol, wie es individuell und unmittelbar erlebt wird,* vor uns haben, und seine Erhöhung zeigt, wie notwendig in jener Zeit eine individuelle Einkehr zum Urerlebnis geworden war.

Das Wasser wird, wenn es in die Küche hinabfließt, zu dreierlei Substanzen: zu Wein, Öl und Honig – drei kultisch wichtigen geistigen Essenzen, das vierte oben aber ist seine Urform: das reine Wasser; und es ist dieses letztere, welches von der Vision im Wert am höchsten gestellt wird – gleichsam an den Ort des Ursprunges im Seeleninnern.

Doch um den Kasten des «ewigen Wassers» herum lauert eine Gefahr: der Boden ist morastig, und Bruder Klaus muß gleichsam «rasch darüber hinwegschreiten», um nicht darin zu versinken. Man kann den Kasten, insofern er das Fassende und Umfassende darstellt, mit dem «Vas» der Alchemisten vergleichen[33], welch letzteres deren «Theoria», *ihre symbolische Auffassung des Unbewußten,* symbolisiert. In Bruder Klausens Vision fließt der Kasten über, und dadurch bildet sich um ihn jener Morast, den Klaus überqueren muß. Es dürfte sich daher bei diesem überfließenden Wasser um ein Stück seelischen Lebens handeln, das nicht mehr symbolisch «aufgefaßt» ist und das deshalb eine Sphäre gefährlicher Unbewußtheit konstituiert. In der Sprache der

---

[32] Ich verweise z. B. auf Jungs Ausführungen in «Aion», l. c., p. 321 ff. Wölfflin und Salat verwandeln die vier Stufen in ihrem Bericht in zehn Stufen und beziehen es auf die Zehn Gebote. Demgegenüber sind die vier Stufen des Originalberichts bemerkenswert. Vgl. A. Stoeckli, l. c., p. 22.
[33] Über diesen Begriff vgl. C. G. Jung, «Psychologie und Alchemie», Zürich 1948, p. 249 ff. und p. 324 ff.

Kirchenväter wäre es der Sumpf der Sünde[34]. Bruder Klausens Durchschreiten dieses Morastes erinnert auch an das Motiv des Transitus, welches sowohl von den gnostischen Peraten wie auch von den Kirchenvätern als ein Symbol der Bewußtwerdung gedeutet wurde. Nach der Lehre der Peraten bedeutet die Überquerung des Roten Meeres, welche die Juden in ihrem Auszug aus Ägypten vollbrachten, das Verlassen der Sündhaftigkeit und des vergänglichen körperlichen Daseins, in welchem die «Unwissenden» versinken. Jenseits des Meeres findet sich ein Ort, an welchem die «Götter der Verlorenheit» und die «Götter des Heils» beisammen sind. «Das Rote Meer bedeutet», wie JUNG dies erläutert, «ein Wasser des Todes für die ‚Unbewußten‘, für die ‚Bewußten‘ hingegen ein Taufwasser der Wiedergeburt und des ‚Hinübergehens‘. Unter den Unbewußten sind diejenigen zu verstehen, denen die Gnosis, d. h. die Erleuchtung über Wesen und Bestimmung des Menschen im kosmischen Rahmen, fehlt. Modern ausgedrückt, sind es diejenigen, denen die Inhalte des persönlichen und des kollektiven Unbewußten unbekannt sind. Ersteres entspricht dem ‚Schatten‘ und der sogenannten ‚inferioren Funktion‘, in gnostischer christlicher Sprache der Sündhaftigkeit und der abzuwaschenden ‚impuritas‘ des Täuflings. Das kollektive Unbewußte drückt sich in den den meisten Mysterien eigentümlichen mythologischen Lehren aus, die das geheime Wissen einesteils über den Ursprung aller Dinge und anderenteils über den Weg zum Heil offenbaren. Die Unbewußten, die ungereinigt und ohne erleuchtete Führung das Meer durchschreiten wollen, ertrinken, d. h. sie bleiben im Unbewußten stecken und verfallen insofern dem geistigen Tode, als sie sich in ihrer Einseitigkeit nicht mehr weiterentwickeln können. Um weiter- und hinüberzukommen, müßten sie sich auch dessen bewußt werden, was ihnen und ihrer Zeit bisher unbewußt blieb, also in erster Linie des inneren Gegensatzes...[35]»
Im Lichte dieser Ausführungen JUNGS besehen, scheint es Bruder Klaus gelungen zu sein, den gefährlichen Transitus zu vollenden und die

---

[34] Babylon z. B. gilt als «lacus inferior» und «confusio»; vgl. R. REITZENSTEIN, «Das Iranische Erlösungsmysterium», Bonn, p. 77–78 und p. 80.
[35] Zit. aus C. G. JUNG, «Mysterium Coniunctionis», Bd. I, Zürich 1955, p. 217 ff.

Gefahr des Versinkens im Unbewußten vermieden zu haben, welch' letztere ja im Falle eines so strengen Eremitentums besonders groß gewesen sein muß. Bruder Klaus überwand all diese Aspekte der Gefahr durch sein zielgerichtetes Streben nach dem Zentrum, dem viereckigen Wassertrog, d. h. *dem Symbol des Selbst.*

Die drei Bereiche (Hof, Küche, Brunnenstube) in dieser Vision Bruder Klausens erinnern auch an den dreistufigen Brunnen der Weisheit, den NIKOLAUS VON CUSA in einer seiner Predigten erwähnt: 1. die gewöhnliche Zisterne, aus der das Vieh trinkt, der «puteus sensibilis», 2. der Brunnen Jakobs, aus dem die Menschenkinder trinken, das ist der Quell der rationalen Philosophie, und 3. der Brunnen der «heilsamen Weisheit» mit ihren «metaphysischen Wassern»; aus ihm trinken «die Söhne des Allerhöchsten, die man Götter nennt[36]». Die «Draußenstehenden» wären hier die «animalischen» Menschen, die aus den drei Röhren Trinkenden entsprechen den rationalen Menschen, und der Mystiker allein dringt zur «aqua sapientiae» des innersten Raumes vor. Die Staffelung der Vision in drei Bereiche – den der «Außenstehenden», die sich abmühen; den der in der Küche Befindlichen, in der die drei Essenzen gespendet werden; und den des Wassers, zu welchem Bruder Klaus emporsteigt – erinnert auch an die Abstufung der mystischen Betrachtung, wie man sie bei HEINRICH SEUSE und vielen andern mittelalterlichen Mystikern dargestellt findet[37]. Das geistliche Leben läßt sich nach innen in drei Stufen aufbauen: 1. die «via purificativa», welche die körperliche Abtötung übt und zahlreiche Leiden, wie Verlassenheit und Trostlosigkeit, mit sich bringt[38]; 2. die «via illuminativa», zu welcher die Passionsmystik und die Marienverehrung gehören[39]; und 3. die Beschauung[40], in welcher die heiligmachende Gnade zur Wirkung gelangt[41] und zu einem mittel-

---

[36] Zit. aus C.G. JUNG, «Die Psychologie der Übertragung», in: «Praxis der Psychotherapie», 1958, p. 294/95.

[37] Vgl. J. BÜHLMANN, «Christuslehre und Christusmystik des Heinrich Seuse», Luzern 1942, p. 152 f.

[38] Dieser Stufe entspricht in der Alchemie die Nigredo.

[39] Dieser Stufe entspricht in der Alchemie die Albedo.

[40] Verschieden von der Vision.

[41] Dem entspräche in der Alchemie partiell die Rubedo.

losen Schauen der Gottheit führt. Die letzte Stufe ist eine Gabe der Weisheit[42]. Während sich aber die zweite und dritte Stufe leicht mit den Stufen in der Vision Bruder Klausens vergleichen lassen, erscheint die erste Stufe verändert, denn die Leute in diesem Bereich üben keine absichtliche Askese, sondern laufen dem Gewinn nach, um dadurch erst recht zu verarmen. Ihr Leiden ist, im Gegensatz zu dem der «via purificativa», weltlich-sinnlos geworden, und darin liegt vielleicht eine Anforderung an Bruder Klaus, welche in der Vision gestellt ist, daß er nämlich diesen Leuten helfe, sich dem «Wasser der Weisheit» wieder zuzuwenden. Wenn einer, so hat ja er den Sinn eines freiwillig akzeptierten Leidens erfahren, und er konnte den andern deshalb besonders gut helfen, weil er ursprünglich auch auszubrechen und nach seinem Eigenwillen zu leben versucht hatte. Die armen, schwer arbeitenden Leute sind zum Zentrum in Gegensatz gestellt: sie sind durch ihren Eigennutz gekennzeichnet, und sie versuchen, von anderen und von Bruder Klaus «den Pfennig zu erheischen». Das erinnert, so seltsam es scheint, an jenes Verlangen nach einem Pfennig durch den göttlichen Pilger in der vorhergehenden Vision, und nicht von ungefähr erscheint in der Menge auch ein Pfeifer neben dem ungerechten Zöllner und den Handwerksleuten. Diese kollektiven Menschen sind offenbar die nicht in das Geheimnis des Brunnens Einbezogenen, die Unerwachten, welche den Quell des «göttlichen Wassers» nicht kennen. Sie sind von der Mitte abgespalten, und die Steuereintreiber unter ihnen, d. h. die Repräsentanten der profanen staatlichen Kollektivorganisationen, arbeiten noch auf weitere Grenzsetzungen und Schranken hin. Es ist dies eine eindrucksvolle Spiegelung dessen, was in der seelischen Entwicklung zur Zeit der Renaissance vor sich ging: eine Zunahme der Eigenwilligkeit, des Ich und ein Verlust des religiösen Innenlebens. Psychologisch gesehen, müßten allerdings diese Leute auch latente seelische Tendenzen in Bruder Klaus selber darstellen, jene Seelenteile in ihm, welche durch eigensinnige Bemühung statt durch

---

[42] Vgl. J. Bühlmann, l. c., p. 158, Über Niklaus von Flüe; vgl. daselbst p. 83, 178 und besonders p. 222 ff.

innere Hingabe zum Ziel gelangen wollten. Es zeigt sich auch hier, was aus dem göttlichen Wanderer Wotan wird, wenn man ihn nicht annimmt: *dann pluralisiert er sich nämlich zum profanen Kollektivmenschen,* der – von keiner inneren Mitte gelenkt – nur noch den Begehrlichkeiten seines Ich nachgeht. Wotan hat sich ja seit jeher als der Erreger des Massenmenschen erwiesen und als Urheber gefährlicher Massenepidemien[43]. Alles, was nämlich im Bewußtsein nicht angenommen wird, verstärkt energetisch das Unbewußte bzw. die Triebsphäre – weshalb auch im heutigen Zeitgeschehen die Gestalt jenes archaischen Gottes Wotan, wie JUNG nachwies, hinter den Kollektivkatastrophen geistert.

Daß sich plötzlich der ganze Ort in die Gegend verwandelt, in der Bruder Klaus selber wohnt, ist wohl ein deutlicher Hinweis darauf, daß das Gesicht ein Geschehen spiegelt, das «an Ort und Stelle», das ist in ihm selber, stattfindet.

Man kann an diesem Verlangen der Leute nach dem Pfennig auch ersehen, daß diese vom Mysterium Ausgeschlossenen einen Anspruch an Bruder Klaus haben, als ob er der Geeignete wäre, sie wieder mit der Mitte zu verbinden. Er hat dies auch durch seinen die eigene «banale» Realität mit einbeziehenden religiösen Entwicklungsweg indirekt getan, denn er verkörpert in einem den vergeistigten Heiligen und den völlig mit der Natur verbundenen instinkthaften Menschen, und nur in einer solchen umfassenderen Ganzheit sind auch die profanen Ausgeschlossenen wieder eingeordnet.

Auch diese Vision ist seltsam real geworden, denn um den Ranft lagerten sich später oft Hunderte von Bittstellern und Neugierigen, um Bruder Klaus um Rat zu fragen, so daß man sogar schließlich vom Pfarramt einen Passierschein brauchte, um hingehen zu dürfen. Überhaupt ist es eindrucksvoll, wie sehr durch den Rückzug des Bruder Klaus in den Ranft alle jene Züge in ihm aufzuleuchten beginnen, welche den «Anthropos» seiner Vision kennzeichnen. In der Tagsatzung zu Stans wird er zum «mediator pacem faciens inter inimicos»

---

[43] C. G. JUNG, «Aufsätze zur Zeitgeschichte», Zürich 1946, p. 1 ff.

wie der alchemistische Lapis, in seinen täglichen Beratungen ist er wie der überströmende Brunnen der seelischen Lebendigkeit, und oft hat er auch den ihn Konsultierenden die Maske vom Gesicht gerissen und ihnen mit mediumistischer Hellsichtigkeit ihre geheimen Gedanken und Sünden offenbart, wie die «Wahrheit» in seiner Berserkervision es tat.

Mehr als die erste Vision deutet aber diese zweite auch auf eine innere Spaltung und auf Leiden und Konflikte hin, ein Gegensatz, der als persönlicher Konflikt zwischen dem realistischen Bauern und dem Mystiker zu eng gefaßt ist[44]. Es ist wohl eher darüber hinaus noch der sich in der Vision widerspiegelnde Zeitkonflikt, in den Bruder Klaus hineingeraten ist.

---

[44] Vgl. z. B. H. FEDERER, «Niklaus von Flüe», Frauenfeld 1928. Leider reicht diese sonst ausgezeichnete und eindrucksvolle Charakterskizze zeitlich nur bis zum «Abbruch» des Bruder Klaus. FEDERER hat besonders die Stimmung und die landschaftliche Bedingtheit, den «genius loci», in Bruder Klausens Leben sehr schön dargestellt.

DIE VISION DES HIMMLISCHEN QUATERNIO

Während der Zeit seiner Leiden und Depressionen versuchte sein Luzerner Freund und damaliger Pfarrer von Kriens, HEINY AM GRUND, Bruder Klaus dadurch zu helfen[1], daß er ihm einen illustrierten Text der Passionsgeschichte Christi zu meditieren gab. (Bruder Klaus war ja selber beinahe Analphabet[2].) Darnach mußte man nach den sieben kanonischen Stunden der Terz, der None usw. je eine Station des Leidens Christi meditieren[3]. Bruder Klaus hat dies getan und davon einige

---

[1] D., p. 39/40. Vgl. auch F. BLANKE, l. c., p. 13/14 und besonders p. 77, und die dort angegebene Literatur: W. OEHL, «Bruder Klaus und die deutsche Mystik», Zeitschrift für Schweizer Kirchengeschichte, 11. Jg., 1917, p. 171. Vgl. ferner D., p. 38/39, wonach Bruder Klaus besondere Ehrfurcht vor dem Priesterstand empfand. Vgl. auch CH. JOURNET, l. c., p. 23: «La pratique de méditer la passion du Christ, en la répartissant selon les sept heures canoniales, est enseignée par RUYSBROECK dans le ,Livre des Douzes Béguines' des chapitres 72 à 75 et 82 à 84. Le premier exercice, qui commence avec matines au milieu de la nuit, s'attache à l'agonie et à l'arrestation de Jésus. On considère, à prime, la scène du jugement devant Pilate. A tierce, Barrabas préféré à Jésus. A sexte, la mise en croix. A none, les sept paroles du Christ. A vêpres, la transfixion du cœur de Jésus. Cf. ,Œuvres de RUYSBROECK', ,L'Admirable', Bruxelles 1938, tome 6, p. 200–219, 256–259. La pratique de HENRI SUSO, telle qu'elle est résumée à la fin du ,Livre de la Sagesse éternelle', est quelque peu différente. Il propose, à celui qui sent méditer chaque jour sur l'aimable passion du Sauveur, cent brèves méditations, mêlées de mots de tendresse, qui devront être accompagnées de prostrations et de la récitation d'un Pater, ou si la pensée se porte sur la vierge, d'un Ave ou d'un Salve.» Cf. «Œuvres mystiques du bienheureux Henri Suso», trad. THIRIOT, Paris 1899, tome 2, p. 194, etc.

[2] D., p. 65. Vgl. F. BLANKE, l. c., p. 79. Wahrscheinlich konnte er Briefe lesen. Vgl. K. VOKINGER, «Bruder-Klausen-Buch», Stans 1936, p. 245/46.

[3] D., p. 39: «Er [der vertraute Freund, wahrscheinlich HEINY AM GRUND] brachte darauf verschiedene heilsame Ratschläge und Mittel vor, durch welche meine Versuchung zu

Erleichterung seines Zustandes erfahren, wenn sich auch das Problem damit nicht löste, sondern erst mit dem totalen «Abbruch» und dem Rückzug in den Ranft. Mit diesen Andachtsübungen hängt vielleicht schon die Brunnenvision, fast sicher aber die nachfolgende Vision, die im neu aufgefundenen Luzerner Text als dritte figuriert, zusammen[4]:

«Ein Mensch unterbrach den Schlaf um Gottes und seines Leidens willen, und er dankte Gott für sein Leiden und seine Marter. Und Gott gab ihm Gnade, so daß er Unterhaltung und Freude darin fand. Hierauf legte er sich zur Ruhe. Und als seine Vernunft in Fesseln geschla-

---

heben hoffte, aber ich erwiderte ihm: dies und ähnliches hätte ich versucht und keinen Trost gefunden und es hätte nicht im geringsten genützt. Dann erst fügte er noch jenes beste und heilkräftigste Mittel bei: es bleibe noch die andächtige Betrachtung des Leidens Jesu Christi. Ganz erheitert erwiderte ich, das sei mir unbekannt... Da lehrte er mich die Abschnitte des Leidens unterscheiden durch die sieben kanonischen Stunden. Darauf hielt ich Einkehr in mich und begann die Übung täglich zu erfüllen, in welcher ich aus Barmherzigkeit des Erlösers für meine Armut Fortschritte machte, und weil ich in viele Geschäfte und weltliche Beamtungen verstrickt war, sah ich, daß ich in der Gesellschaft der Menschen das weniger andächtig vollbringen könne. Darum zog ich mich häufig an diesen heimlichen und nahen Ort meiner Leidensbetrachtung zurück, so daß niemand es wußte als meine Frau, und dies jeweilen nur aus einfallenden Ursachen. Und so verblieb ich zwei Jahre...»
Vgl. auch über die Meditationsliteratur jener Zeit: BÜHLMANN, «Christuslehre und Christusmystik des Heinrich Seuse», Luzern 1942, p. 82, Anm. 15. BLANKE vermutet, daß Heiny am Grund das «Speculum humanae salvationis» den Übungen von Bruder Klaus zugrunde legte, und rekonstruiert dieselben folgendermaßen (l. c., p. 14/15): «Zur Zeit des Vespernachmittags, um 6 Uhr, dankt Klaus dem Herrn Christus für die Liebe, die er den Seinen in der Fußwaschung und im Heiligen Abendmahl bewies. Zur Zeit der Komplet, abends 9 Uhr, dankt er seinem Erlöser, daß er in seiner Liebe um seiner, Klausens, willen gezittert und Blut geschwitzt, und bittet ihn, er möge ihn von den Fesseln des Bösen frei machen. Kurz nach Mitternacht betet er die Matutin: ‚Ich danke Dir, Herr, daß Du mir so große Liebe erzeigtest, daß sie Dich im Hause des Kaiphas um meinetwillen verspotten und verspeien durften. Um der Schmach Deiner Mißhandlung willen bitte ich Dich, mir die Schmach meiner Sünden zu vergeben.' In der Morgenfrühe erhebt sich Klaus zur Prim. Er dankt für die Liebe, ‚daß Du Dich um meinetwillen von Herodes und seinem Kriegsvolk verspotten ließest. Gib mir die Gnade, daß ich in allen Anfechtungen dieselbe Geduld erlange.' Um 9 Uhr vormittags betet Klaus die Terz. Er dankt dem Herrn, daß er sich ihm zuliebe geißeln ließ, und erbittet von ihm das Vorrecht, daß er, Klaus, hier auf Erden gegeißelt werde, damit ihm in der Ewigkeit die Strafe erspart bleibe. Zur Sext, 12 Uhr mittags, dankt er, daß Christus sich ans Kreuz schlagen ließ, ihm zugut, und zur Non, 3 Uhr nachmittags, sagt er dem Herrn den Dank für seinen Tod, ‚den Du um meinetwillen am Kreuz gestorben bist'.» BLANKE führt aus, daß wohl diese Meditationen dem Bruder Klaus halfen, sich von einer egozentrischen Einstellung zu seinem Leiden zu befreien.

[4] A. STOECKLI, l. c., p. 20/21.

gen war und er doch meinte, daß er noch nicht eingeschlafen wäre, schien es ihm, als ob einer zur Türe hereinkäme, mitten im Haus stünde und ihm mit kräftiger, heller[5] Stimme riefe, wie er denn hieß, und sprach: ‚Komm und sieh deinen Vater und schau, was er macht!' Und es schien ihm, als käme er schnell an eines Bogens Ziel[6] [das ist auf Pfeilschußweite] in ein schönes Zelt in einen weiten Saal. Da sah er einige Leute darin wohnen, und er war bei ihm, der ihn gerufen hatte, und stand an seiner Seite und führte für ihn[7] das Wort, wie es ein Fürsprech tut. Und obwohl er sprach, sah er doch seine Gestalt nicht und wunderte ihn auch nicht darnach, und er führte für ihn das Wort und sprach: ‚Dieser ist derjenige, der dir deinen Sohn gehoben und getragen[8] hat und ihm zu Hilfe gekommen ist in seiner Angst und Not. Danke ihm dafür und sei ihm dankbar[9].' Da kam ein schöner, stattlicher[10] Mann durch den Palast gegangen mit einer glänzenden[11] Farbe in seinem Angesicht und in einem weißen Kleid wie ein Priester in einer Albe. Und er legte ihm seine beiden Arme auf seine Achseln und drückte ihn an sich und dankte ihm mit einer ganzen inbrünstigen Liebe seines Herzens, daß er seinem Sohn also wohl zustatten gekommen und zu Hilfe in seiner Not. Und derselbe Mensch wurde in sich selber geschlagen und erschrak sehr darob und bekannte sich selber unwürdig und sprach: ‚Ich weiß nicht, daß ich deinem Sohn je einen Dienst erwiesen habe.' Da verließ er ihn und sah in fürderhin nicht mehr.

Und da kam eine schöne, stattliche[12] Frau durch den Palast gegangen[13], auch in einem solchen weißen Kleid. Und er sah wohl, daß ihnen das weiße Kleid ganz neu gewaschen anstand. Und sie legte ihm ihre beiden Arme auf seine beiden Achseln und drückte ihn gründlich an

---

[5] «mit einer herten heiteren stim.»
[6] «an ein senes end.»
[7] «und tet im sin red.»
[8] «gelüft und geburt.»
[9] «dank im sin und bis im sin dank und bis im sin dankbar.»
[10] «weidelicher.»
[11] «glissender.»
[12] «weideliche.»
[13] «har getreten.»

ihr Herz mit einer überfließenden Liebe, daß er ihrem Sohn so getreulich zustatten gekommen in seiner Not. Und der Mensch erschrak darüber und sprach: ‚Ich weiß nicht, daß ich eurem Sohn je einen Dienst getan hab', außer daß ich herkam, um zu sehen, was ihr tätet.' Da schied sie von ihm, und er sah sie fürderhin nicht mehr.

Da blickte er neben sich. Da sah er den Sohn neben sich sitzen in einem Sessel und sah, daß er auch ein solches[14] Kleid anhatte; es war besprengt mit Rot[15], als ob einer mit einem Wedel daraufgesprengt hätte. Und der Sohn neigte sich gegen ihn und dankte ihm inniglich, daß er ihm auch so wohl zustatten gekommen in seinen Nöten. Da blickte er an[16] sich selbst hernieder. Da sah er, daß er auch ein weißes Kleid an sich trug und besprengt mit Rot wie der Sohn. Das verwunderte ihn sehr, und er wußte nicht, daß er es angehabt hatte. Und schnell auf einmal fand er sich selber an der Statt, wo er sich niedergelegt hatte, so daß er nicht meinte, daß er geschlafen hätte.»

Auch diese Vision enthält Motive, die sich bei anderen Mystikern wiederfinden. So hebt A. STOECKLI eine Parallele in einer Predigt TAULERS hervor[17]: «So soll unser Herr sprechen: Viellieber minniglicher Mensch, ich danke dir und freue mich über dich, daß du mir für mein Leiden gedankt und mir geholfen hast, die schwere Bürde meines Kreuzes zu tragen durch deine Gebresten, die du ausgelitten hast. Siehe, nun sollst du mich selber dawider haben.» Und an anderer Stelle derselben Predigt: «Hier schenkt Gott der Seele sich selber in einer überfließenden Weise, die alles übertrifft, was sie je begehrte. Wenn er sie findet in diesem trostlosen Elende, dann tut er recht, wie geschrieben steht, daß der König Assuerus, als er die selige geliebte Esther vor sich stehen sah mit bleichem Antlitz, und als sie in ihrer Ohnmacht niederfiel, da bot er ihr sogleich das goldene Zepter, stand auf von seinem königlichen Thron, umarmte sie, gab ihr einen Kuß

---

[14] «sömlich.»
[15] «mit rottem.»
[16] «neben.»
[17] L. c., p. 27/28: Predigt auf den fünften Sonntag nach Pfingsten: Estote misericordes. «Deutsche Texte des Mittelalters.» Die Predigten TAULERS, ed. F. VETTER, Bd. 11, p. 150 bis 153.

und erbot sich, mit ihr sein Königreich zu teilen. Dieser Assuerus ist der himmlische Vater. Wenn er die geliebte Seele so vor sich sieht, mit erloschenem Antlitz, ungetrost von allen Dingen, wenn ihr des Geistes gebricht und sie so gebeugt dasteht, dann bietet er ihr sein goldenes Zepter, steht auf von seinem Throne, bildlich gesprochen, nicht wirklicherweise, gibt ihr seine göttliche Umarmung und hebt sie hinaus über alle ihre Krankheit in seinem göttlichen Umfangen.»

In der Vision des Bruder Klaus ist ebenfalls die «unio mystica» mit Gott angedeutet, aber sie nimmt noch weitere unerwartete Formen an: zuerst ruft ein unsichtbares Wesen den Bruder Klaus mit «herter heiterer stim» auf, er solle nach seinem Vater sehen, was er tue, und dann spricht er auch für ihn vor Gott wie ein Fürsprech. Man denkt natürlich an den Parakleten, der ja ein Advokat der Menschen vor Gott ist. Was aber merkwürdigerweise traumhaft unkonsequent scheint, ist, daß der Paraklet zuerst Bruder Klaus auffordert, zu sehen, was Gott tue; aber nachher tut er es gar nicht, sondern Gott wird aufgefordert, sich bei Bruder Klaus zu bedanken. Vielleicht kompensiert dies ein zu großes Respekt- und Distanzgefühl, das Bruder Klaus der Gottheit gegenüber empfand, so daß ihn der Heilige Geist zum unmittelbaren Schauen auffordern muß. Es ist aber ebenso seltsam, daß der Heilige Geist Gott zureden muß, sich bei Bruder Klaus zu bedanken, als ob er es nicht von sich aus tun würde – ganz anders bei der Gottesmutter, die ihm spontan von sich aus entgegenkommt.

Die Erhöhung der Jungfrau Maria zur Gefährtin an der Seite Gottes ist vierhundert Jahre später durch die «Declaratio solemnis» des Papstes Pius des XII. mehr oder weniger sanktioniert worden, so daß die Diskussion darüber, ob die Vision ketzerisch sei oder nicht, im wesentlichen dahinfällt[18].

---

[18] JUNG sagt in der Neuen Schweizer Rundschau, Jg. 1, Heft 4 (August 1933), l. c.: «Es ist ohne weiteres ersichtlich, daß es sich in dieser Vision um Gottvater und Sohn handelt und um die Gottesmutter. Der Palast ist der Himmel, wo ‚Gottvater' wohnt, wo auch ‚Gottmutter' wohnt. In heidnischer Form sind es unverkennbar Gott und Göttin, wie ihr absoluter Parallelismus zeigt. Für die mystische Erfahrung ist die Mannweiblichkeit des Gotturgrundes charakteristisch. Im indischen Tantrismus geht aus dem qualitätslosen Brahman der männlichen Shiva und die weibliche Shakti hervor. Der Mensch als Sohn

Bruder Klaus hat immer ein ganz besonderes Verhältnis zur Gottesmutter gehabt. In jener Zeit, als ihn der Teufel so stark anfocht, sagt er, es habe ihm «die liebe frow alwegen getröstet», und sie ist ihm auch einmal in der Krone eines Apfelbaumes erschienen, dort, wo heute im Ranft die untere Kapelle steht. Für Bruder Klaus war Maria die irdische Repräsentantin der «Sapientia Dei», und er erklärte einmal einem Pilger, Maria sei die *Königin des Himmels und der Erde*, und sie sei vorausgesehen worden durch die göttliche Weisheit. Die «Sapientia» habe Maria umgeben, sobald Gott ihrer gedachte, daß sie sollte empfangen werden. Darum sei sie im Gedächtnis des höchsten Gottes eher empfangen worden als im Mutterleib... die Kraft des Allerhöchsten sei ausgegangen und habe sie umfaßt, und sie sei [dadurch] mächtig erfüllt worden vom Heiligen Geist[19]. Diese geheime Identität Mariae mit der «Sapientia Dei» begründet für Bruder Klaus deren unbefleckte Empfängnis, für die er eintrat, obwohl sie noch zu seiner Zeit theologisch umstritten war[20]. Die späteren Entwicklungen des katholischen Dogmas haben alle diese Punkte zugunsten der Ansichten von Bruder Klaus bestätigt, und sogar die Bezeichnung Mariae als *Königin des Himmels und der Erde* ist nun offiziell anerkannt worden.

Das neue Dogma der *Assumptio Mariae* hat, wie JUNG betont[21], eine sehr weitreichende psychologische Bedeutung. In seiner *Constitutio Apostolica* «Munificentissimus Deus» hebt nämlich Papst Pius XII. die Ansicht der Väter, daß das Sternenweib der Apokalypse, welches ent-

---

von Himmelsvater und Himmelsmutter ist eine uralte Vorstellung, die bis ins Primitive zurückreicht, und in dieser Vision wird auch der selige Bruder Klaus in Parallele zum Gottessohn gesetzt. Die Dreifaltigkeit dieser Vision: Vater, Mutter, Sohn, ist in der Tat undogmatisch. Ihre nächste Parallele ist die ... gnostische Trinität: Gott, Sophia, Christus. Die Kirche hat aber die weibliche Natur des Heiligen Geistes, auf welche die symbolische Taube noch hinweist, ausgemerzt.»

[19] A. STOECKLI, l. c., p. 41; vgl. auch p. 42, Fußnote: «Diese Stelle ist ein Zurückkommen auf die zweite Frage des Pilgers nach der unbefleckten Empfängnis Mariae. Bruder Klaus, der die bejahende Auffassung des Pilgers gebilligt hatte, bringt hier ein neues Argument für die gleiche These. Sein Beweis stützt sich offenbar auf das Wort der Schrift: ‚Dominus possedit me in initio viarum suarum, antequam quicquam faceret a principio' (Prov. VIII, 22), das von der Kirche auf Maria angewandt wird...»

[20] Vgl. F. BLANKE, l. c., p. 100.

[21] In «Antwort auf Hiob», Zürich 1952, p. 152 f.

rückt wird, die Assumptio präfiguriere, besonders hervor[22]. Damit ist aber Maria, wie JUNG ausführt[23], nicht nur das symbolische Gefäß für die Inkarnation Gottes in Christo, sondern auch jenes neuen Heilbringers, den die Apokalypse verheißt. Psychologisch aufgefaßt, ist aber dieser neue Heilbringer ein Symbol einer weiteren Inkarnation Gottes – nämlich im *gewöhnlichen kreatürlichen Menschen selber*. Letzterer wird aber dadurch, wie Bruder Klausens Vision so schön zeigt, zu einem ebenbürtigen Bruder Christi erhöht. Dies bedeutet aber nichts anderes, als daß das empirische Individuum zur Geburtsstätte einer totalen Inkarnation der Gottheit wird. Eine solche Verwirklichung des Göttlichen war sonst besonders das Anliegen der Alchemisten, denen es, wie JUNG darlegt, darum ging, «selber zum ‚makellosen Gefäß' des Parakleten zu werden und damit, über die *Imitatio* Christi hinaus, die *Idee* ‚Christus' zu verwirklichen[24]». Letztere aber erscheint als archetypische seelische Wirklichkeit unmittelbar im Inneren der Seele und offenbarte sich bei Bruder Klaus bereits im Stern, im Stein, im Berserker und hier im Motiv der himmlischen Quaternität, innerhalb welcher Klaus als Zwillingsbruder Christi eingeschlossen ist. Rückblickend versteht man nun auch jene Verheißung der ihn besuchenden drei Männer besser, in der sie sagten, daß sie Bruder Klaus das Kreuz zu Lebzeiten zu tragen hinterließen – solange Bruder Klaus lebt, trägt er die Last des toten Kreuzholzes, weil er seine Erwählung zum Bruder (und nicht nur zum «Imitator») Christi nicht versteht; aber nach seinem Tode wird er als «Bärentatzenfähnrich» seine seelische Ganzheit und damit sein Bruder-Sein zu Christus, also seine unmittelbare Beziehung zum Anthropos (das ist zum Selbst), realisieren können.

Das Symbol des neuen Heilbringers der Offenbarung oder der Erhöhung eines gewöhnlichen Menschen zu einem Doppelgänger Christi

---

[22] Constitutio Apostolica «Munificentissimus Deus» (27): «Ac praeterea scholastici doctores non modo in veteris testamenti figuris, sed in illa etiam muliere amicta sole, quam Joannes Apostolus in insula Patmo [Apok. XII, 1 f.] contemplatus est Assumptionem Deiparae Virginis significatam viderunt.» Vgl. C. G. JUNG, «Antwort auf Hiob», l. c., p. 152, Fußnote.
[23] L. c., p. 153 ff.
[24] «Mysterium Coniunctionis», Zürich 1955, Bd. 1, p. 35.

deutet beides auf den Drang zur Individuation hin[25], welcher eine Heilung und Ganzmachung des bisher fragmentarischen Menschen anstrebt[26]. Zu diesem Vorgang aber gehört beim Manne die Integration der Anima, weshalb auch die Gestalt des Sternenweibes bzw. Mariae zunehmende Bedeutung erhält, wie dies die Vision Bruder Klausens besonders deutlich zeigt. Die Dogmatisierung der Assumptio bedeutet daher, wie JUNG betont[27], «eine erneute Hoffnung auf Erfüllung der die Seele im Tiefsten bewegenden Sehnsucht nach Frieden und Ausgleich der drohend angespannten Gegensätze. Letztere zeigt sich im einzelnen in Form einer mit keinen rationalen Mitteln bekämpfbaren Unrast.» Eine solche Unruhe hatte auch Bruder Klaus ergriffen. Sie verbildlicht sich in jenen unerlösten Schwerarbeitern im Außenhof des Tabernakels in seiner Brunnenvision. Die Existenz einer solchen rastlosen, wurzellosen Menge in seinem Inneren ist das, was bei Bruder Klaus seinen Aufstieg über die vier Stufen zur Urquelle im Unbewußten, das ist zum Selbst, erzwingt und welche auch den heutigen Menschen in den Individuationsprozeß hineindrängt. Dadurch wird aber der einzelne gezwungen, die innergöttlichen Gegensätze auch in sich selber zu sehen, zu erleiden und zu vereinigen, wodurch er zu einem «Sohn des Höchsten» und gleichsam zum Schattenbruder Christi wird, so daß er zu der göttlichen Trinität als Viertes hinzutritt.

Die letzte Vision Bruder Klausens zeigt klar, *daß es dem Unbewußten nicht daran liegt, das christliche Symbol zu zerstören, sondern nur daran, es um das Element des Weiblichen und um jenes des gewöhnlichen Menschen zu vermehren und es mit diesen anzureichern.*[27a]

---

[25] Vgl. C.G. JUNG, «Antwort auf Hiob», l. c., p. 153 f.

[26] L. c.: «Was immer das Ganze des Menschen, das Selbst an sich, bedeuten mag, so ist es empirisch ein vom Unbewußten spontan hervorgebrachtes Bild des Lebenszieles, jenseits der Wünsche und Befürchtungen des Bewußtseins. Es stellt das Ziel des ganzen Menschen dar, nämlich das Wirklichwerden seiner Ganzheit und Individualität mit oder gegen seinen Willen. Die Dynamis dieses Prozesses ist der Instinkt, der dafür sorgt, daß alles, was in ein individuelles Leben hineingehört, auch hineinkommt...» Vgl. auch l. c., p. 160.

[27] «Antwort auf Hiob», l. c., p. 161 und p. 165.

[27a] Vgl. Jung's Brief vom 12. Okt. 1959 an Pfarrer Uhsadel: [Bei Niklaus] ... «macht das Unbewusste den Versuch, einen strengen katholischen Glauben im Sinne der Entwicklung zu kompensieren. Ersterer verdirbt die Christusgestalt, letzterer bereichert sie oder – besser gesagt – versucht sie zu amplifizieren («anzureichern») mit archaischer Natursymbolik im Sinne des germanischen Sprachgebrauchs von Christus — der Krist = Christus und der Christusgläubige, im Gegensatz zum romanischen Gebrauch von chrétien, cristiano usw., also wie das antike Christos und christianus. Im ersteren Fall wird der Gläubige zum «Christ», im letzteren zu einem Anhänger, Nachfolger, Nachahmer.»

Das Thema, auf das die Lysis dieser Vision hinzielt, ist außer der Erhöhung des Weiblichen die *Herstellung der Vierheit,* innerhalb welcher Bruder Klaus als Zwillingsbruder Christi dargestellt ist[28]. Der unsichtbare Heilige Geist aber ist – ebenso wie der Geist Mercurius der Alchemisten – derjenige, der als «Quinta Essentia» alle vier zusammenbringt und zum Teil auch selber ist. Daß der Heilige Geist mit Gottvater und Gottsohn eins ist, bedarf keines Beweises; mit der Gottesmutter ist er durch die Zeugung Christi verbunden und mit Klaus durch die Tatsache der «Ausgießung des Heiligen Geistes» und seines Fortwirkens in den von ihm erwählten Menschen. Seine «herte heitere stim» ließe in ihm den wiedererschienenen Bärenhäuter und «Geist der Wahrheit» der vorhergehenden Vision vermuten[29], der hier sein Ziel offenbar macht: *die Herstellung eines himmlischen Quaternio*[30]. Bruder Klaus ist gleichsam auserlesen, die Rolle des menschlichen Doppelgängers Christi[31] zu spielen bzw. ihn sich und durch sich zu realisieren[32]. Das rot-weiße Gewand, das er und Christus tragen, weist auf die

---

[28] Vgl. C.G. JUNG, «Antwort auf Hiob», l. c., p. 125, wo er über die Voraussage einer solchen weitergehenden Inkarnation Gottes in der Vision der Apokalypse vom Sohn des Sternenweibes folgendes sagt: «Es kann sich nicht um ein Wiederkommen von Christus selber handeln, denn er würde ja ‚in den Wolken des Himmels' kommen, nicht aber ein zweites Mal *geboren* werden, und dazu noch aus einer Sonne-Mond-Konjunktion... Die Tatsache, daß Johannes bei der Geburtsschilderung den Apollo-Leto-Mythus benützt, dürfte ein Fingerzeig sein: im Gegensatz zur christlichen Tradition handelt es sich bei der Vision um ein Produkt des Unbewußten. Im Unbewußten aber ist alles vorhanden, was im Bewußtsein verworfen wird, und je christlicher das Bewußtsein, desto heidnischer gebärdet sich das Unbewußte, wenn nämlich im verworfenen Heidentum noch lebenswichtige Werte stecken... (Dieser ‚zweite Sohn' ist der ganzheitliche Mensch, der aus der Totalität der Psyche... besteht.)» Vgl. auch p. 152.

[29] Der Heilige Geist ist der «Geist der Wahrheit», und der Berserker war als die «Wahrheit» bezeichnet worden.

[30] Vgl. C.G. JUNG, «Antwort auf Hiob», l. c., p. 135.

[31] Man vergleiche die alchemistische Idee des Steins als einer irdischen «analogia Christi».

[32] Vgl. l. c., p. 147: «Seit Johannes der Apokalyptiker erstmals (vielleicht unbewußt) jenen Konflikt, in den das Christentum direkt hineingeführt, erfahren hat, ist die Menschheit mit diesem belastet: *Gott wollte und will Mensch werden.* Darum hat Johannes in der Vision eine zweite Sohnesgeburt aus der Mutter Sophia, die durch eine Coniunctio oppositorum gekennzeichnet ist, erlebt, eine Gottesgeburt, die den filius sapientiae, den Inbegriff eines Individuationsprozesses, vorwegnimmt...» Vgl. auch p. 157: «Für die Deutung des Ereignisses [der päpstlichen Deklaration] kommt natürlich nicht nur das in Betracht, was die Bulle an Argumenten heranzieht, sondern auch die Präfiguration in der apokalyptischen Hochzeit des Lammes und in der alttestamentlichen Anamnesis der Sophia. Die hochzeitliche Vereinigung im Thalamus bedeutet den Hierosgamos, und dieser wiederum bildet die

alchemistische Rubedo und Albedo als der Vereinigung der Gegensätze hin. Indem Bruder Klaus den Zusammenprall der Gegensätze innerlich, in sich selber, statt außen erlitt, wird in ihm der «homo altus» oder «teleios anthropos», der «vollständige Mensch» oder Lapis der Alchemie, sichtbar, welcher tatsächlich bei den Alchemisten als eine «analogia» Christi galt. Denn der Alchemist denkt nicht daran, wie JUNG sagt[33], «sich mit Christus zu identifizieren; im Gegenteil parallelisiert die Alchemie die gesuchte Substanz, den Lapis, mit Christus. Es handelt sich nicht eigentlich um Identifikation, sondern um das hermeneutische ‚sicut' (gleichwie), welches die Analogie bezeichnet... Ohne es zu wissen, denkt der Alchemist die ‚imitatio Christi' weiter und gelangt so zu dem oben erwähnten Schlusse, daß die vollkommene Angleichung an den Erlöser auch den Angeglichenen in seinem tiefsten Seelengrunde zum Erlösungswerk befähige. Dieser Schluß aber verläuft unbewußt... Nicht der Artifex ist unsere Entsprechung Christi; vielmehr erkennt er in seinem Wunderstein die Entsprechung zum Erlöser. Von diesem Standpunkt aus erscheint die Alchemie wie eine in die Tiefe und die Dunkelheiten des Unbewußten hinunterreichende Fortsetzung der christlichen Mystik mit ihrer bis zur Stigmatisation getriebenen Verwirklichung der Christusgestalt... Hätte ... der Alchemist es vermocht, seine unbewußten Inhalte zu veranschaulichen, so hätte er einsehen müssen, daß er selber an Christi Statt getreten war – genauer gesprochen: *nicht er als sein Ich, sondern er als sein Selbst* hätte, wie Christus, das ‚opus' auf sich genommen, nicht den Menschen, sondern Gott zu erlösen. Er hätte nicht nur sich als Entsprechung Christi, sondern auch Christum als Symbol des Selbst erkennen müssen. Diese ungeheuerliche Schlußfolgerung ist dem mittelalterlichen Geist versagt geblieben.»

Eben diese selbe unbewußte Entwicklungstendenz, welche in noch

---

Vorstufe zur Inkarnation, d. h. zur Geburt jenes Heilbringers, der seit der Antike als filius solis et lunae, als filius sapientiae und als Entsprechung Christi galt. Wenn also ein Sehnen nach der Erhöhung der Gottesmutter durch das Volk geht, so bedeutet diese Tendenz... den Wunsch, es möge ein Heilbringer, ein Friedensstifter, ein ‚mediator pacem faciens inter inimicos' geboren werden.»

[33] Zit. C. G. JUNG, «Psychologie und Alchemie», Zürich 1944, p. 480–483.

größere Tiefen als die sonstige mittelalterliche Mystik reicht, scheint sich in der Vision Bruder Klausens zu veranschaulichen. Letzterer sollte sich um Gott kümmern («schaun, was er macht») und soll sich selbst als Zwillingsbruder und Helfer Christi erkennen. Wenn man sich fragt, was für eine Bewußtseinslage durch eine solche Vision am ehesten kompensiert sein könnte, so muß man annehmen, daß Bruder Klaus ungewöhnlich bescheiden und sehr von seiner Gottferne und von seinem eigenen Schatten beeindruckt war und daß er nach dem Sinn dieses Leidens am Schatten suchte: *dann* nämlich könnte man diese Vision als Antwort verstehen: als eine Aussage des Unbewußten, die ihm mitteilt, daß all dieser dunkle Ansturm im Inneren von Gott gewollt ist und die Individuation, *die Gottwerdung, eines gewöhnlichen Menschen* zum Ziel hat.

Wie JUNG in «Antwort auf Hiob» dargelegt hat, ist dieser Konflikt des zweiten Teiles des Fisch-Aions schon in der Offenbarung des Johannes antizipiert[34]. Nachdem nämlich Gott in Christo zuerst seine lichte Seite hatte Mensch werden lassen, um eine widerstandsfähige Grundlage für die Assimilation seiner dunklen Seite zu schaffen, deutet die Verheißung des Parakleten an, daß Gott nachher *ganz* Mensch werde, d. h. in seiner eigenen dunklen Kreatur sich wiedererzeugen und gebären wolle. «Die Inkarnation in Christo ist das Vorbild, das durch den Heiligen Geist fortschreitend in die Kreatur übertragen wird[35]», und man sieht hier deutlich, wie, laut seiner Vision, *Bruder Klaus einer derjenigen ist, die ausersehen wurden, das Gefäß einer solchen fortschreitenden Inkarnation zu werden*[36].

---

[34] «Antwort auf Hiob», l. c., besonders p. 149–151.

[35] Vgl. l. c. den ganzen Passus, p. 149/50: «Dieser verwirrende Einbruch [scil. der Johanneischen Vision] erzeugt in ihm [scil. JOHANNES] das Bild eines göttlichen Knaben, eines zukünftigen Heilbringers, geboren von der göttlichen Gefährtin, deren Abbild in jedem Manne wohnt; des Kindes, das auch Meister Eckart in der Vision erblickte. Er war es, der wußte, daß Gott in seiner Gottheit allein nicht selig ist, sondern in der Seele des Menschen geboren werden muß. *Die Inkarnation in Christo ist das Vorbild, das durch den Heiligen Geist fortschreitend in die Kreatur übertragen wird.*» (Von mir hervorgehoben.)

[36] Vgl. JUNGS Ausführungen, l. c., p. 152: (Der Papst hat) «das Dogma der *Assumptio Mariae* verkündet: Maria ist als die Braut mit dem Sohne und als Sophia mit der Gottheit im himmlischen Brautgemach vereinigt. Dieses Dogma ist in jeder Hinsicht zeitgemäß. Es

Es ist kein Zufall, daß in dieser Vision die Rangerhöhung der Gottesmutter mit der Adoption Klausens als Zwillingsbruders Christi zusammen verbildlicht ist, denn durch die Dogmatisierung der Assumptio Mariae, welche jene Erhöhung der Gottesmutter sanktioniert, wird, wie JUNG betont[37], «auf einen Hierosgamos im Pleroma hingewiesen, und dieser seinerseits bedeutet ... die zukünftige Geburt des göttlichen Kindes, welches, entsprechend der göttlichen Tendenz zur Inkarnation, *den empirischen Menschen zur Geburtsstätte erwählen wird*[38]. Dieser metaphysische Vorgang ist der Psychologie des Unbewußten als *Individuationsprozeß* bekannt.» Insofern Klaus die Berufung zur Individuation erhielt und sich mit den ihm zur Verfügung stehenden Mitteln seines Bewußtseins als natürliches, williges Gefäß für den Individuationsprozeß anbot, ist er gleichsam zum «Typos» jenes zweiten Erlösers erhöht. Die Gottesmutter aber ist deshalb gleichsam die Mutter dieser seiner umfassenderen Ganzheit. Daraus erklärt sich wohl Klausens spezielle Hingabe an sie. Daß sie ihm in der Krone eines Apfelbaumes erschien, ist vielleicht nicht ohne symbolische Bedeutung, ist es doch ein Analogon zum Baume der Erkenntnis und ist doch allgemein der Baum ein Symbol des Individuationsprozesses als eines *natürlichen* Entfaltungs- und Bewußtwerdungsprozesses[39]. Maria erscheint hier wie ein heidnisches Baumnumen, d. h. in völliger Einheit mit der Natur, und in dieser Erscheinungsform «heilt» sie die Naturentfremdung einer gewissen profanchristlichen Bewußtseinshaltung, welche zu jener Zeit allmählich mehr und mehr als inadäquat empfunden wurde.

Bruder Klaus hat Maria, wohl den entsprechenden Aussagen des Missale folgend, mit der Gestalt der Sapientia Dei in Zusammenhang

---

erfüllt erstens figürlicherweise die Vision des Johannes, spielt zweitens auf die endzeitliche Hochzeit des Lammes an und wiederholt drittens die alttestamentliche Anamnesis der Sophia. Diese drei Beziehungen sagen die Menschwerdung Gottes voraus; die zweite und dritte die Inkarnation in Christo, die erste aber die im kreatürlichen Menschen.»

[37] «Antwort auf Hiob», l. c., p. 165.
[38] Hervorhebung von mir.
[39] Vgl. C. G. JUNG, «Der philosophische Baum», in: «Von den Wurzeln des Bewußtseins», Zürich 1954, p. 446 ff. Die Sapientia Dei wird ja bereits in der Bibel einem Baum verglichen, und Maria ist ein irdisches Abbild der göttlichen Weisheit.

gebracht und letztere als in der Vorsehung Gottes präfigurierte Gestalt Mariae gedeutet. Die Sapientia stellt, wie JUNG in «Antwort auf Hiob» so eindrücklich darlegt[40], die Allwissenheit und Selbstreflexion Gottes dar, sowie Gottes Annäherung an sie, eine *neue Schöpfung*[41]. Dies erfolgt auf eine Notwendigkeit hin, daß sich Gott in einer *himmlischen Hochzeit*[42] erneuere. Die Hingabe Klausens an die Gestalt der Sapientia steht ferner möglicherweise in einem Zusammenhang mit der letzten Vision, die uns bekannt ist, dem «schrecklichen Gottesantlitz», einem erschütternden Erlebnis, das er lange zu verarbeiten gezwungen war. Die menschenfreundliche göttliche Weisheit mag ihm dabei geholfen haben.

---

[40] Besonders p. 43/49.
[41] L. c., p. 59.
[42] L. c., p. 58.

DIE VISION DES ERSCHRECKENDEN
GOTTESANTLITZES

Die schreckliche Vision suchte Bruder Klaus zwischen den Jahren 1474 und 1478, also etwa dreizehn bis neun Jahre vor seinem Tode (1487), heim[1]. WÖLFFLIN berichtet darüber, daß die Besucher Bruder Klausens bei seinem ersten Anblick von großem Schrecken erfüllt wurden. Über die Ursache dieses Schreckens pflegte er selber zu sagen, daß er ein *durchdringendes Licht* gesehen habe, *das ein menschliches Antlitz darstellte*. Bei diesem Anblick habe er gefürchtet, *sein Herz würde in kleine Stücke zerspringen*, weshalb er auch, überwältigt, sogleich den Blick abgewendet habe und *zur Erde gestürzt sei*[2]. Und aus diesem Grunde komme sein Anblick anderen Leuten schreckenerregend («horribilem») vor[3]. Der Humanist KARL BOVILLUS berichtet über dasselbe Erlebnis im

---

[1] Vgl. F. BLANKE, l. c., p. 37 und p. 92–95, der diese Datierungsprobleme ausführlich erörtert und weitere Literatur dazu angibt.

[2] Die Hervorhebungen sind von mir.

[3] Ich gebe dies nach C. G. JUNG, «Von den Wurzeln des Bewußtseins», l. c., p. 11/12, wieder. Vgl. F. BLANKE, l. c., p. 37, welcher anschließend fortfährt (p. 37): «Wenn WÖLFFLIN behauptet, daß alle Besucher des Waldbruders Klaus von Flüe das Schreckhafte in seinem Aussehen spürten, so übertreibt er. Denn von den uns bekannten Ranftpilgern hat nur BONSTETTEN diesen Eindruck vermerkt. Daß das furchteinflößende Äußere des Bruder Klaus eine Rückstrahlung der schrecklichen Gottesschau gewesen ist, scheint mir aus dem Vergleich der Angaben BONSTETTENS und WÖLFFLINS hervorzugehen. Man wird an Moses erinnert, dessen Antlitz nach der Gottesbegegnung am Sinai so verändert war, daß das Volk sich fürchtete, ihm zu nahen (2. Mose XXXIV, 30). Zwischen dem lachenden Bruder Klaus von 1474 und dem Schrecken auslösenden von 1478 liegt die furchtbare Vision.»

Jahre 1508[4], daß ihm (Bruder Klausen) einst in sternheller Nacht, als er dem Gebet und der Betrachtung oblag, ein Gesicht am Himmel erschien: «Er sah nämlich das Bild eines menschlichen Antlitzes mit schreckerregendem Gesichtsausdruck voll Zorn und Drohungen...[5]» Schon früh ist dieses Bild natürlich, wie JUNG ausführt[6], mit dem rächenden Christus der Apokalypse I, 13, in Zusammenhang gebracht worden[7]. Wie JUNG ferner hervorgehoben hat[8], hängt diese Lichtvision mit dem Stern, den er vor seiner Geburt, und dem Licht, das er bei Liestal sah, zusammen. Vergleicht man die drei Lichterscheinungen miteinander, so sieht man, daß in der Folge der Motive eine Entwicklung angedeutet ist: zuerst der menschenferne Stern im kalten Kosmos draußen, dann der Glanz am Himmel (der ihn aber schmerzhaft wie ein Messerstich in den Bauch, den Sitz der Emotion, trifft und verwundet) und endlich der Glanz mit dem erschreckenden Gesicht darin, welches das Licht zu einer Urerfahrung der Gottheit werden läßt, in der sich Gott als *persönliches Wesen* und mit einem *menschlichen* Antlitz offenbart.

Über diese große letzte Vision Bruder Klausens steht allerdings im Kirchenbuch von Sachseln nichts, doch betont ALBAN STOECKLI mit Recht, daß dies nichts gegen die Wahrheit der andern Berichte aussagt[9], sondern eher bedeutet, daß sich der Heilige hierüber mehr in Schweigen gehüllt habe als bei andern Erscheinungen. Der Biograph WÖLFFLIN weiß noch nichts von einem im Zusammenhang mit der Vision verfertigten Radbild, wohl aber BOVILLUS, dessen oben zitierter Bericht fortfährt[10]: «[Das Antlitz] trug eine dreifache oder päpstliche Krone, in deren Mittelpunkt eine kleine Weltkugel eingelassen war; auf dieser Kugel war ein Kreuz befestigt. Ein dreigeteilter Bart hing ihm lang herunter. Sechs Schwertklingen ohne Handgriff schienen in

---

[4] Vgl. C.G. JUNG, «Von den Wurzeln des Bewußtseins», l. c., p. 12, und A. STOECKLI, «Die Visionen des seligen Bruder Klaus», l. c., p. 34.
[5] Vgl. A. STOECKLI, l. c., p. 34 (= D., p. 560).
[6] «Von den Wurzeln des Bewußtseins», l. c., p. 12 ff.
[7] Vgl. auch die von JUNG zitierten Kommentierungen von M.-B. LAVAUD.
[8] Neue Schweizer Rundschau (August 1933), l. c.
[9] L. c., p. 33.
[10] D., p. 560/61.

wechselnder Richtung aus dem Angesicht auszugehen. Die eine ging der Stirn nach aufwärts, mit dem breiten Teil in der Stirn haftend und mit der Spitze die Kugel oder das Kreuz durchdringend. Andere zwei gingen von den beiden Augen aus, die Spitzen in den Augen behaltend, während der breitere Teil auswärts ragte. Zwei brachen aus der Nase, mit dem breiteren Teil in den Nasenlöchern. Die sechste streckte die Breite nach auswärts und steckte mit der Spitze im Munde. Diese Schwerter schienen alle gleich. Diese Vision ließ er in seiner Zelle malen; ich habe es gesehen und im Gemüte erfaßt und in mein Gedächtnis eingezeichnet. Da mir wahrhaftig die Bedeutung verborgen geblieben (wiewohl es durch seine Schreckbarkeit zu verstehen gibt, daß nicht leichte Donnerschläge die Menschheit bedrohen), so kannst du vielleicht besser deuten, was es sei...» Offenbar hat BOVILLUS die Speichen des Rades als Schwerter mißverstanden; aber trotzdem geht aus seinem Bericht klar hervor, daß ein erschreckendes Antlitz mit diesen «Speichen» (die er Schwerter nennt) in *einem* Bild verbunden worden war, und dieses Bild habe Klaus, sagt er, in seiner Zelle malen lassen[11]. Nach GUNDOLFINGENS Aussage befand sich das Bild hingegen in der Ranftkapelle[12]. Aus den Berichten von BOVILLUS und GUNDOLFINGEN geht gegenüber dem oben zitierten Bericht WÖLFFLINS jedenfalls so viel zusätzlich hervor, daß die schreckliche Vision irgendwie hinter dem erhaltenen Radbild steht[13]. JUNG hat deshalb ange-

---

[11] STOECKLI fügt hinzu: «Dem Zeugnis Witwylers von 1571, wonach ‚das obgemelte Original noch in seiner wonung im Ranft gefunden werde', dürfte demnach doch mehr Bedeutung beigelegt werden, als DURRER [p. 744, Anm. 9] annimmt.»

[12] A. STOECKLI, l. c., p. 35, vermutet, es hätten mehrere Exemplare existiert. Vgl. D., p. 434: «Lernte er nicht auch in jener Hochschule des Heiligen Geistes jene Darstellung des Rades, die er in seiner Kapelle malen ließ und durch die er, wie in einem klaren Spiegel, das ganze Wesen der Gottheit widerstrahlen ließ?»

[13] Dies ist neuerdings bestritten worden; vgl. F. BLANKE, l. c., p. 95 ff. Ich halte aber mit C. G. JUNG, «Von den Wurzeln des Bewußtseins», l. c., p. 13, fest, daß das Radbild eine Verarbeitung der «schrecklichen Vision» darstellt. JUNG, l. c., p. 12/13, sagt: «Mit dieser großen Vision wurde traditionsgemäß das Dreifaltigkeitsbild in der Kirche von Sachseln und ebenso die Radsymbolik im sogenannten Pilgertraktat in Beziehung gesetzt: Bruder Niklaus zeigte dem ihn besuchenden Pilger das Radbild. Offenbar hat ihn dieses Bild beschäftigt. BLANKE ist der Ansicht, daß entgegen der Tradition zwischen der Vision und dem Dreifaltigkeitsbild kein Zusammenhang bestehe. Mir scheint, daß dieser Skeptizismus etwas zu weit geht. Das Interesse des Bruders für das Radbild muß einen Grund gehabt haben.

nommen¹⁴, daß das Radbild gleichsam einen Versuch Bruder Klausens darstellt, «sein Urerlebnis in verständliche Form zu bringen». Es handelt sich dabei um eine Art von Angleichungsarbeit, welche dazu dient, das erschreckende Urerlebnis «der Seele und ihrer Gesamtschau einzuordnen und damit das gestörte Gleichgewicht wiederherzustellen. Die Auseinandersetzung mit diesem Erlebnis erfolgte auf dem damals felsenfesten Boden des Dogmas, welches seine assimilierende Kraft dadurch bewies, daß es das furchtbar Lebendige rettend in die schöne Anschaulichkeit der Trinitätsidee verwandelte¹⁵.» Durch seine selbstgewählte Einsamkeit und sein Nach-innen-Gehen hatte Bruder Klaus so tief in sich hineingeblickt, «daß ihm das Wunder- und Furchtbare der Urerfahrung geschah. In dieser Situation wirkte das durch viele Jahrhunderte entwickelte dogmatische Bild der Gottheit wie ein rettender Heiltrank. Es half ihm, den fatalen Einbruch eines archetypischen Bildes zu assimilieren und damit der eigenen Zerreißung zu

---

Derartige Visionen bewirken häufig Verwirrung und Auflösung („das Herz, das in Stücke zerspringt'). Die Erfahrung lehrt, daß der ‚hegende Kreis', das Mandala, das althergebrachte Antidot für chaotische Geisteszustände ist. Es ist darum nur allzu begreiflich, daß der Bruder vom Radsymbol fasziniert war. Die Deutung der Schreckensvision als Gotteserlebnis dürfte ebenfalls nicht abwegig sein. Der Zusammenhang zwischen der großen Vision und dem Sachseler Dreifaltigkeitsbild bzw. dem Radsymbol erscheint mir darum auch aus inneren, psychologischen Gründen sehr wahrscheinlich.»

¹⁴ «Von den Wurzeln des Bewußtseins», l. c., p. 11 ff.

¹⁵ JUNG fährt fort (l. c., p. 13/14): «Die Auseinandersetzung hätte aber auch auf dem ganz andern Boden der Vision selber und ihrer unheimlichen Tatsächlichkeit erfolgen können, wahrscheinlich zum Nachteil des christlichen Gottesbegriffes und zum unzweifelhaft noch größeren Nachteil des Bruders selbst, der nämlich dann nicht ein Heiliger, sondern vielleicht ein Ketzer (wenn nicht gar ein Kranker) geworden wäre und sein Leben vielleicht auf dem Scheiterhaufen geendet hätte. Dieses Beispiel zeigt die Nützlichkeit des dogmatischen Symbols: es formuliert ein ebenso gewaltiges wie gefährlich-entscheidendes seelisches Erlebnis, das um seiner Übermacht willen mit Recht als ‚Gotteserfahrung' bezeichnet wird, in einer dem menschlichen Auffassungsvermögen erträglichen Art und Weise, ohne den Umfang des Erlebten wesentlich zu beeinträchtigen noch dessen überragender Bedeutung schädlichen Abbruch zu tun. Das Gesicht des göttlichen Zornes, dem wir – in gewissem Sinne – auch bei JAKOB BOEHME begegnen, will sich schlecht mit dem neutestamentlichen Gott, dem liebenden Vater im Himmel, einen, weshalb es leicht zur Quelle eines inneren Konfliktes hätte werden können. Dergleichen hätte sogar im Geiste der Zeit gelegen – Ende des 15. Jahrhunderts, der Zeit eines NICOLAUS CUSANUS, welcher durch die Formel der ‚complexio oppositorium' dem drohenden Schisma vorgreifen wollte! Nicht lange danach erlebte der jahwistische Gottesbegriff eine Reihe von Wiedergeburten im Protestantismus. Jahwe ist ein Gottesbegriff, der noch ungetrennte Gegensätze enthält.»

entgehen¹⁶». Von diesem Assimilationsprozeß, auf welchen JUNG hier hinweist, berichtet auch im weiteren der sogenannte Pilgertraktat; das ist die Schrift eines unbekannten Pilgers, welcher Bruder Klaus aufsuchte und nachher einen Erbauungstraktat verfaßte, welcher in drei Druckausgaben des 15. Jahrhunderts erhalten blieb¹⁷. Der Pilger selber ist nicht sicher identifizierbar, sehr wahrscheinlich aber ein Nürnberger namens ULRICH, dessen Aussagen auch den Grundstock zum Sachsler Kirchenbuch bilden¹⁸. In seinem Traktat berichtet nun jener Pilger¹⁹: «Und er [Bruder Klaus] hob wiederum an zu reden und sprach zu mir: ‚Wenn es mich nicht verdrösse, so wollte ich dich auch mein Buch sehen lassen, darin ich lerne und die Kunst dieser Lehre suche.' Und er trug mir eine Figur her, gezeichnet gleich wie ein Rad mit sechs Speichen in der Art, wie hernach folgt. Und er hob an und sprach zu mir: ‚Siehst du diese Figur? Also ist das göttliche Wesen in dem Mittelpunkt, und das ist die ungeteilte Gottheit, darin sich alle Heiligen erfreuen. Die drei Spitzen, die da gehen in den Punkt des inwendigen Kreises, das sind die drei Personen und gehen aus von der

---

¹⁶ JUNG fährt fort (l. c., p. 15/16): «ANGELUS SILESIUS war nicht so glücklich; ihn hat der innere Kontrast zersetzt, denn zu seiner Zeit war die Festigkeit der Kirche, welche das Dogma garantiert, bereits erschüttert. JAKOB BOEHME kennt einen Gott des ‚Zornfeuers', einen wahren Absconditus. Aber er vermochte den tief empfundenen Gegensatz einerseits durch die christliche Formel Vater–Sohn zu überbrücken und seiner zwar gnostischen, aber in allen wesentlichen Punkten doch christlichen Weltanschauung spekulativ einzugliedern, sonst wäre er zum Dualisten geworden... Das Dogma ersetzt das kollektive Unbewußte, indem es dieses in weitem Umfange formuliert. Die katholische Lebensform kennt daher eine psychologische Problematik in diesem Sinne speziell nicht. Das Leben des kollektiven Unbewußten ist fast restlos in den dogmatischen, archetypischen Vorstellungen aufgefangen und fließt als gebändigter Strom in der Symbolik des Credo und des Rituals. Sein Leben offenbart sich in der Innerlichkeit der katholischen Seele. Das kollektive Unbewußte, so wie wir es heute kennen, war überhaupt nie psychologisch, denn vor der christlichen Kirche gab es antike Mysterien, welche sich in die graue Vorzeit des Neolithikums hinauf erstreckten. Nie gebrach es der Menschheit an kräftigen Bildern, welche magischen Schutz verliehen gegen das unheimlich Lebendige der Seelentiefe. Immer waren die Gestalten des Unbewußten durch schützende und heilende Bilder ausgedrückt und damit hinausgewiesen in den kosmischen, außerseelischen Raum.»
¹⁷ Ich folge A. STOECKLI, l. c., p. 36: Die erste und älteste stammt aus der Offizin PETER BERGERS in Augsburg, ohne Datum, die beiden andern sind gedruckt von MARKUS AYRER in Nürnberg, die erstere mit der Jahreszahl 1488.
¹⁸ Über die wahrscheinliche Verwechslung dieses Namens mit Ulrich im Mösli durch EICHHORN vgl. A. STOECKLI, l. c., p. 36–38.
¹⁹ Zit. nach A. STOECKLI, l. c., p. 41 ff.

einen Gottheit und haben umgriffen den Himmel und dazu alle Welt. Die sind in ihrer Gewalt. Und wie sie ausgehen in göttlicher Gewalt, so gehen sie ein und sind einig und unteilbar in ewiger Macht. Das bedeutet diese Figur. [. . . [20]] Wie du siehst, [ist] in dem Rade von dem inwendigen Punkt des inneren Kreises eine große Breite und endigt in

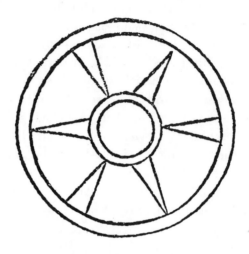

eine kleine Spitze. Nach Bedeutung und Form der Speichen ist also der großmächtige Gott ... in der Art *eines kleinen Kindleins*[21] aus der höchsten Jungfrau, ohne Verletzung ihrer Jungfrauschaft, eingegangen und ausgegangen. Denselben zarten Leib hat er uns gegeben zu einer Speise mit seiner unteilbaren Gottheit. Wie du siehst an dieser Speiche, die auch breit ist bei dem inneren Kreis des Mittelpunkts und draußen klein ist gegen den äußersten Kreis, so ist die Großmächtigkeit Gottes des Allmächtigen in dieser *kleinen Substanz der Hostie*[21]. Nun beachte eine weitere Speiche des Rades, die auch breit ist bei dem inneren Kreis und gegen den äußeren hin klein; das ist die *Bedeutung unseres Lebens*[21], die gar klein und zugänglich ist. In dieser kurzen Zeit vermögen wir durch die Liebe Gottes eine unaussprechliche Freude verdienen, die nimmer ein Ende nimmt. Das ist die Bedeutung meines

---
[20] Es folgt ein Passus über die Voraussehung Mariae durch Gott in der göttlichen Weisheit.
[21] Die Hervorhebungen sind von mir.

Rades.'» Nach weiteren, von ihm selber stammenden Ausführungen[22] endet der Pilger: «So sollt ihr fleißig achthaben auf den inneren Kreis des benannten Rades, wie mich der liebe Vater Bruder Klaus gelehrt hat, ihn als den klaren *Spiegel des wahren lebendigen Gottes* zu deuten.»

Diese Ausführungen lassen zwar eine eindeutige Verbindung zum Antlitz der Vision vermissen. Sie finden sich aber von GUNDOLFINGEN ergänzt, dessen Bericht neben dem Pilgertraktat als ältestes Zeugnis erhalten ist[23]: «Lernte er nicht aus jener Schule des Heiligen Geistes gerade jene Darstellung des Rades, die er in seiner Kapelle malen ließ, worin die ganze Gottheit im *leuchtendsten Spiegel*[24] erglänzte? Drei Strahlen[25] heften dort ihre Spitzen seitwärts in das göttliche Antlitz im inneren Kreise. Von diesem Antlitz läßt die Dreifaltigkeit die drei vorzüglichen Wirkungen der Trinität, nämlich die Schöpfung, die Passion und Ankündigung des Herrn, aus dem Ohre, dem Auge und aus dem Munde des leuchtenden Gotteshauptes in der Richtung der Breitseite entspringen und umfaßt so Himmel und Erde. Und wie in ihrer Reichweite die drei Personen über die Spitze dieser Strahlen hinausgehen, so kehren sie durch die Breitseite dreier anderer Strahlen in der gleichen Reichweite wieder zurück in den Spiegel der Gottheit. In der Tat können wir durch die Erkenntnis *der sinnenfälligen Dinge und ihrer in uns hervorgerufenen Wirkungen*[26] durch folgerichtiges Denken zur Erkenntnis der unfaßbaren Gottheit gelangen. Das zeigen die drei Strahlen an, die mit ihrem spitzeren Ende den Spiegel der Gottheit berühren. Unser Verstand steigt nämlich auf dem breitern Wege, d. h. durch die sinnenfälligen Dinge, zum Wesen der Gottheit auf, das fein und spitz ist. Das äußere Ende der Strahlen dagegen ist entsprechend dem Wesen der Menschwerdung und der Erlösung umfänglich und ausgebreitet...» Es folgt eine Erläuterung der nach außen sich zu-

---

[22] Es handelt sich um die sechs Medaillons als Werke der Barmherzigkeit und sechs Schlüssel. Darüber, daß diese vom Pilger stammen und nicht Klausens Gedankengut sind, vgl. A. STOECKLI, l. c., p. 42 ff.
[23] Vgl. A. STOECKLI, l. c., p. 44.
[24] Hervorgehoben von mir: man beachte das *Licht*gleichnis.
[25] «Strahlen» statt «Speichen» beim Pilger!
[26] Hervorhebung von mir.

spitzenden drei Strahlen, die im Prinzip derjenigen des Pilgertraktates entspricht. Diese tiefgründigen Bildanreicherungen von Bruder Klaus scheinen zum Teil von einem illustrierten Traktat, «Spiegel menschlicher Behältnis», gedruckt bei ANTON SORG in Augsburg 1476, angeregt worden zu sein[27], doch betrifft dies mehr die Medaillons, welche, wie oben erwähnt, eben nicht von Bruder Klaus herstammen. Für das Radbild des Bruders kommt es nur als Vorlage für das *Gotteshaupt* insofern in Betracht, als es ein dreigesichtiges Gotteshaupt abbildet, und Klaus könnte ein solches bei ULRICH im Mösli, der viele Bücher besaß, gesehen haben. Auch scheint er ein solches illustriertes Büchlein selber besessen zu haben[28]. Das sind allerdings die spärlichen Materialien, welche Bruder Klausen für die Bearbeitung seiner Vision von außen zur Verfügung standen – sie enthalten jedoch alle kein Radbild. *Letzteres scheint daher weitgehend Klausens Geist entsprungen zu sein* und ihm gleichsam als Mittel gedient zu haben, die Vision mit den Bildern der Andachtsbücher und den von ihm geäußerten Darlegungen *strukturell* zu verbinden. Das Radmotiv dient ja allgemein als das «*Anordnende*» par excellence[29]; denn es ist ein Mandala, ein Symbol, dem eben jene Funktion des Ordnenden immer zukommt[30]. Hier dient es, wie JUNG darlegt, der Verständlichmachung des Erlebten[31]: «Ein Stein, der in ein ruhiges Wasser fällt, erzeugt Wellenkreise; so bewirkt auch eine dermaßen plötzliche und heftige Vision einen langdauernden Nacheffekt wie irgendein Schock, und je fremdartiger und eindrucksvoller die Anfangsvision war, desto länger wird ihre Assimilation dauern, und

---

[27] Es geht auf das «Speculum humanae salvationis» (übersetzt 1324) zurück. Näheres vgl. A. STOECKLI, l. c., p. 46 ff. Über die Funktion des Rades als Symbol vgl. auch F. WEINHANDL, «Über das aufschließende Symbol», Berlin 1924, passim. Der Verfasser zeigt sehr schön die Funktion des Symbols als bewußtseinsvermittelnder Inhalt auf.

[28] Vgl. A. STOECKLI, l. c., p. 47 ff. und p. 51.

[29] M. FRISCHKNECHT, welcher diese Deutung JUNGS übernommen hat (ohne dies meines Erachtens genügend klar zu machen), malt dieselbe noch verständlicher aus und zeigt, wie dieses Rad, wohl zuerst als Kreis entstanden, eine Banngeste darstellt: «Das schreckliche Gesicht des Klaus von Flüe», Theologische Zeitschrift, ed. Universität Basel, 2. Jg., Heft 1 (Januar/Februar 1946), p. 23 ff.

[30] Hiezu vgl. C.G. JUNG, «Gestaltungen des Unbewußten», Zürich 1950, besonders p. 189 ff.

[31] Neue Schweizer Rundschau, l. c.

desto größer und nachhaltiger wird die Anstrengung des Geistes sein, sie zu bewältigen und dem menschlichen Begreifen einzuordnen. Eine solche Vision ist gewaltsamer ‚Einfall' in des Wortes eigentlicher Bedeutung, und daher ist es seit jeher – man wäre fast versucht zu sagen – Sitte gewesen, die Ringe darum zu zeichnen, welche der fallende Stein im Angesicht des Wassers erzeugt[32].» «Wenn man ... bedenkt, daß die geistige Haltung der damaligen Zeit und im besondern die des Bruder Klaus gar keine andere Deutung zuließ, als daß dieses Gesicht die Gottheit selber darstelle, und Gott das ‚summum bonum', die Vollkommenheit schlechthin, bedeutete, so mußte ein solches Gesicht gerade durch seinen gewaltsamen Kontrast eine tiefgehende, aufwühlende Wirkung hinterlassen, dessen Einbau in das Bewußtsein Jahre der stärksten seelischen Anstrengungen bedurfte...[33]» «Daß Bruder Klaus seine Gottesvision mit Hilfe der drei Kreise (des sogenannten Rades) erläuterte, entspricht uraltem Menschheitsgebrauch, der bis zu den bronzezeitlichen Sonnenrädern (in der Schweiz mehrmals gefunden) und den Mandalas (Kreiszeichnungen, sogenannte Sonnenräder), den vielleicht paläolithischen rhodesischen Felszeichnungen zurückgeht. Wir finden sie in Mexiko, Indien, Tibet und China. Die christlichen Mandalas lehnen sich wahrscheinlich an St. Augustin und dessen Gotteserklärung durch den Kreis an. Vermutlich dürfte Seuse seine Kreisvorstellungen, die für die ‚Gottesfreunde' zugänglich waren[34], aus jener Quelle bezogen haben. Und wäre

---

[32] (Meine Fußnote:) Man vergleiche Seuses Bild (zit. A. Stoeckli, l. c., p. 56 ff.).

[33] Etwas weiter sagt Jung ebenda: «Bruder Klausens Vision ist ein echtes und rechtes Urerlebnis, darum eine besondere Aufgabe für dogmatische Verarbeitung. Getreulich und gewiß mit großer Mühewaltung hat er sich dieser Aufgabe unterzogen, um so mehr als ihm der Schrecken in allen Gliedern saß, so daß sogar Freunde darob erschraken. Der unbewußte häretische Einschlag, der genuinen und nicht überarbeiteten Visionen wohl immer anhaftet, ist in der Dreifaltigkeitsvision nur andeutungsweise vorhanden, aber in der Überarbeitung ist er erfolgreich ausgemerzt worden, und damit ist gerade der ganze Affekt und das, was den stärksten Eindruck machte, spurlos verschwunden, womit wenigstens ein negativer Beweis für unsere Auffassung erbracht wurde.»

[34] (Meine Fußnote:) Vgl. A. Stoeckli, l. c., p. 56. Der Ausspruch geriet über Alanus de Insulis in die mittelalterliche scholastische Literatur und ist ein ursprünglich hermetisches Zitat; vgl. W. Oehl, «Bruder Klaus und die deutsche Mystik», Zeitschrift für schweizerische Kirchengeschichte, Stans 1917, p. 161 und besonders p. 241 ff.

alle diese Tradition abgeschnitten gewesen und wäre kein Traktätchen mit Mandalas je auf den Ranft gekommen und hätte Bruder Klaus niemals die Fensterrose einer Kirche gesehen, so wäre es ihm doch geglückt, sein großes Erlebnis in die Kreisform zu bringen, weil es immer und überall so geschehen ist und immer noch geschieht[35].» «Mandalas sind eben Instrumente der Versenkung und der Realisierung einer inneren Erfahrung und der Herstellung einer inneren Ordnung[36].» Sie drücken daher «die Idee eines sicheren Refugiums, der inneren Versöhnung und der Ganzheit aus[37]». Im Zusammenhang mit diesem grundlegenden Symbol innerer Ordnung, das Bruder Klaus gleichsam bannend über das in seine Seele eingebrochene Bild legte, baute er dann jene weiteren, oben zitierten Erläuterungen auf, deren geistesgeschichtliche Zusammenhänge STOECKLI bereits erläutert hat[38].

Eine besondere Bedeutung in diesem Kreissymbol Bruder Klausens scheint mir noch darin zu liegen, daß es ein *sechs*speichiges Rad ist. In der traditionellen Zahlensymbolik gilt die Sechs als eine vollkommene Zahl, weil sie der Summe ihrer Divisoren gleich ist. Die Seite eines in den Kreis gelegten Sechsecks entspricht genau dem Radius. Darum spielt die Sechs eine besondere Rolle bei der zyklischen Zeitmessung (60 Minuten, 60 Sekunden usw.). So hat die Sechsteilung des Kreises besonders mit der Zeit zu tun, Der Aspekt der Sechs als aus zwei Ternarii bestehend, wird in der Zahlensymbolik besonders betont. ALLENDY sagt darüber[39], daß der Ternarius den schöpferischen Logos darstelle, in der Sechs aber *reagiere* die lebendige Kreatur auf ihn, so daß die Sechs die Opposition der Kreatur zum Schöpfer in einem unbestimmten Equilibrium darstelle. In der Antike galt die Sechs als Zahl der Aphrodite und der Heirat[40] und in der christlichen Tradition als Symbol der Harmonie und Perfektion[41]. Doch scheint mir letztere in erster Linie *als ein energetisches Phänomen* verstanden worden zu sein, als Aktion–Reaktion

---

[35] Vgl. die Belege und Ausführungen von C. G. JUNG, «Gestaltungen des Unbewußten», Zürich 1950, p. 95–187.
[36] C. G. JUNG, «Gestaltungen des Unbewußten», l. c., p. 234.
[37] L. c., p. 234.
[38] Ich verweise auf seine Darstellung.
[39] «Le symbolisme des nombres», Paris 1948, p. 149/50.
[40] Vgl. C. G. JUNG, «Psychologie der Übertragung», in: «Praxis der Psychotherapie», l. c., p. 252.
[41] R: ALLENDY, l. c., p. 165.

bzw. als dynamische Inter*aktion* zweier Prinzipien. Dieser dynamische Aspekt scheint mir insofern wesentlich, als in Bruder Klausens eigener Erklärung die *Wirkungen* Gottes und seiner Kreatur, das Aus- und Eingehen des Göttlichen, besonders betont sind. *Sein Rad stellt darum eher einen Prozeß als ein Endziel dar,* und damit wird auch ein weiterer Aspekt des Radsymbols von Bedeutung, nämlich die Idee der *Bewegung.* RHYS DAVIDS sagt, daß in Indien das Rad als Symbol des Werdens galt[42]. Ein siegreicher König hieß z. B. «Raddreher», weil seine siegreiche Bewegung über die ganze Erde geht. Seine Bedeutung ist positiv das fortschreitende Werden, negativ der sinnlose Leerlauf[43]. Derselbe dynamische Aspekt findet sich im spätantiken ἴυγξ-Symbol: letzteres ist ein «magisches Rad», welches zum Bezaubern des oder der Geliebten dient und das sogar als Synonym für sehnsüchtiges Begehren verwendet wurde.

Wenn also Bruder Klaus seinen Bannkreis, den er über das Gottesbild legte, gerade als Rad gestaltet, so scheint mir darin angedeutet, daß er damit das göttliche Wesen als *Erlebnisprozeß* zu verstehen suchte, nicht gleichsam «an sich», sondern in seiner seelischen *Wirkung.* Hierbei fällt eine weitere Tatsache auf: Meistens liegt im Rad an sich die Idee der Bewegung; hier aber steht das Rad still, und der von Klaus beschriebene dynamische Ablauf findet als Interaktion im Inneren des Rades durch die Speichen fließend statt, was psychologisch auf eine intensive Introversion der psychischen Energie hinzuweisen scheint. In letzterer aber liegt das heilende Moment; sie ist die richtige Einstellung, welche den Schock der furchtbaren Gottesvision am ehesten tragbar werden läßt.

M.-B. LAVAUD hat darauf hingewiesen, daß auch das schreckliche Urbild aus der christlichen Tradition her verständlich ist[44]. Er zitiert SEUSE, welcher in seinem «Horologium Sapientiae» (I, VII) sagt: «quod divina sapientia amabilis sit pariter et terribilis[45].» Auch

---

[42] Vgl. R. DAVIDS, «Zur Geschichte des Radsymbols», «Eranos-Jahrbuch» 1934, p. 162.
[43] L. c., passim.
[44] L. c., p. 100 ff.
[45] Daß die göttliche Weisheit liebenswert und gleicherweise auch furchtbar sei.

DANIEL und HIOB erschraken vor dem Antlitz Gottes[46], ebenso wie JOHANNES in der Offenbarung (I, 16). Der Apokalyptiker erlebte diese Schau des dunklen zornigen Rachegottes im hohen Alter, von dem JUNG sagt[47], daß «in confinio mortis und am Abend eines langen, inhaltsreichen Lebens sich oft der Blick in ungeahnte Fernen öffne», da ein solcher Mensch nicht mehr in den Peripetien des Alltagslebens, sondern in der Schau über weite Zeiträume und in der säkularen Bewegung der Ideen lebe. Dann kommt es, «daß der Geist Gottes selber durch die schwache Hülle dringt und wiederum die Furcht des Menschen vor der unabsehbaren Gottheit fordert». Eben dieses ist offenbar auch Bruder Klausen in der Einsamkeit zugestoßen. Obgleich das «furchtbare Gottesbild» aus der judäochristlichen Tradition her wohl verständlich ist[48], so scheint es meines Erachtens auch in einem Zusammenhang mit den Motiven der vorhergehenden Träume und Gesichte zu stehen; denn diese Vision wirkt auch wie eine abschließende, gewaltige Selbstoffenbarung jenes unbekannten Gottes, der sein Wesen vorher so germanisch, wotanähnlich manifestiert hatte. Jenes furchtbare Gesicht ist nämlich wohl der gleiche Gott, der als unbekannter alter Mann bei der Taufe erschienen war, derselbe, der sich im Stern- und Lichtglanz andeutete, und endlich auch derselbe, dessen Antlitz, als er sich als «Berserker» und «Wahrheit» offenbarte, die Leute nicht ertragen konnten. Das Wort «Wotan» hängt mit einer altnordischen Wortwurzel, *othr,* zusammen, welche als Eigenschaftswort «wütend, rasend, gewaltsam» bedeutet. Hierzu gehört gotisch *wods* (= besessen, geisteskrank). Als Hauptwort heißt dieselbe etymologische Wurzel «Dichtergabe, Gedicht, Seele, Geist, Verstand». Auch ist damit das neunorwegische Wort *oda* oder *ode* (= Unwetter, Lebensmut, Hitzigkeit, Brunst, Sperma[49]) verwandt, worin das Motiv der «ekstatischen Minne» wieder anklingt:

Das erschreckende Element gehört so sehr zum Gotte Wotan, daß

---

[46] Dan. VII, 9/10, Hiob IV, 15; vgl. auch Jes. XXXVIII, 15, und besonders Jerem. XX, 11.
[47] «Antwort auf Hiob», l. c., p. 130.
[48] Auch das dunkle Zornfeuer Gottes bei JAKOB BOEHME wäre hier als Vergleich heranzuziehen.
[49] Vgl. M. NINCK, l. c., p. 33–35.

eine deutsche Glosse das Wort «Dämon» (= Gott) direkt mit «Schrekkensmaske» wiedergibt. «Den Schreckenshelm im Auge haben» heißt isländisch so viel wie «durchbohrend, blitzend ansehen». Das deutsche Wort «Drache» ist verwandt mit «derkein» (= blitzend ansehen)[50]. Der Schrecken, das Licht und das furchtbare Antlitz gehören somit mythologisch aufs engste zusammen. «Schreckensglanz» nennt ein nordischer Skalde auch sein Schwert, und man erinnert sich, daß bei der ersten Lichtvision Bruder Klaus einen Schmerz fühlte, als ob ihm der Bauch mit einem Messer aufgehauen würde. Man kann im wörtlichsten Sinne von einer «einschneidenden» Erfahrung sprechen. Das Erlebnis von Bruder Klaus erinnert auch an NIETZSCHES Gedicht «Klage der Ariadne[51]», welches – wie JUNG darlegt[52] – eigentlich dem Gotte Wotan gilt:

> Hingestreckt schaudernd
> Halbtotem gleich, dem man die Füße wärmt –
> Geschüttelt ach! von unbekannten Fiebern,
> Zitternd vor spitzen eisigen Frost-Pfeilen,
> Von Dir gejagt, Gedanke!
> Unnennbarer! Verhüllter! Entsetzlicher!
> Du Jäger hinter Wolken!
> Darniedergeblitzt von Dir,
> Du höhnisch Auge, das mich aus Dunklem
> anblickt: so liege ich,
> Biege mich, winde mich, gequält
> Von allen ewigen Martern,
> Getroffen
> Von Dir, grausamster Jäger,
> Du unbekannter – Gott!

---

[50] M. NINCK, l. c., p. 152/53: ‹«Der Drache *Fafnir* sagt von sich: ‚Den Schreckenshelm trug ich zum Schutze wider Menschen, dieweil ich auf lichtem Golde lag...' Noch heute kommt in Island der Ausdruck ‚den Schreckenshelm in den Augen haben' für ‚einen durchbohrenden Blick besitzen' vor. Im Süden weisen die althochdeutschen Männernamen Egihelm, Agihelm, Uogihelm auf ähnliche Vorstellungen. ‚Dämon' verdeutscht eine Glosse mit *egisgrimolt*, ‚Schreckensmaske'...»
[51] «Also sprach Zarathustra», Krönersche Taschenausgabe, p. 366.
[52] «Aufsätze zur Zeitgeschichte», l. c., p. 8 ff.

NIETZSCHE hat hier wohl richtig gefühlt, daß diese göttliche Gestalt, die er Dionysos nannte[53], einen *Deus absconditus* meinte, dessen Anspruch an den modernen christlichen Menschen wir noch kaum verstehen, aber von dem sich vielleicht *eines* sagen läßt: daß er ein *in den Kosmos reichendes seelisches Gottesbild und Ganzheitsbild* darzustellen scheint[54]. Daß dieses In-die-Natur-Hineinreichen wesentlich ist, könnte kompensatorisch zur beginnenden Entwurzelung des europäischen Menschen und seiner Naturentfremdung durch die Technik sowie durch den Verlust des christlichen Glaubens verstanden werden. Die Auflösung einer Tradition ist nämlich, wie JUNG sagt[55], «immer ein Verlust und eine Gefahr; eine seelische Gefahr darum, weil das Instinktleben als das *Allerkonservativste im Menschen* sich eben gerade in den traditionsgemäßen Gebräuchen ausdrückt... Gehen sie verloren, so tritt eine Abtrennung des Bewußtseins vom Instinkt ein: das Bewußtsein hat damit seine Wurzeln verloren, und der ausdruckslos gewordene Instinkt fällt ins Unbewußte zurück und verstärkt dessen Energie...» Dies kann u. a. zu den destruktiven Massenphänomenen führen, die wir heute erleben[56] und die sich schon in Bruder Klausens Brunnenvision im Bild der «Außenstehenden» personifiziert hatten. Der Individuationsprozeß aber bildet zu einer solchen Profanierung die anscheinend naturgewollte Kompensation[57] und drückt sich in Bruder Klausens Visionen u. a. in der Berserkergestalt und in all jenen Lichterlebnissen aus, die ihn immer wieder trafen. Vielleicht läßt sich auch von hier aus jene Tatsache besser verstehen, daß das Selbst (die

---

[53] Vgl. C.G. JUNG, l. c., p. 9.
[54] Vgl. C.G. JUNG, l. c., p. 18: «Auf alle Fälle stellt der germanische Gott eine Ganzheit dar, die einem primitiven Niveau entspricht, einer seelischen Lage, wo der Mensch noch kaum anders wollte als der Gott und ihm deshalb schicksalsmäßig verfallen war...»
[55] L. c., p. 34/35.
[56] L. c., p. 124/25.
[57] Vgl. C.G. JUNG, «Aufsätze zur Zeitgeschichte», l. c., p. 40: «Hier tritt nun aber ein heilsamer kompensierender Effekt hervor, den ich immer wieder bestaunen muß. Gegenüber der gefährlichen Auflösungstendenz erhebt sich aus demselben kollektiven Unbewußten eine Gegenwirkung in der Form eines durch eindeutige Symbole gekennzeichneten Zentrierungsvorganges. Dieser Prozeß schafft nichts Geringeres als ein neues *Persönlichkeitszentrum*, welches zunächst durch Symbole als dem Ich überlegen gekennzeichnet ist...»

vier Lichter) von Bruder Klaus eine Bindung *an einen bestimmten Ort* zu verlangen schien. Daß das Selbst eine verpflichtende Beziehung zu anderen, sogar oft zu ganz bestimmten Mitmenschen fordert, ist eine empirisch nachweisbare psychologische Tatsache[58]. Hier aber erstreckt sich die verlangte individuelle Beziehung sogar bis auf die Natur. Darin scheint mir jedoch die Antwort auf jene zu Beginn angerührte Frage zu liegen: wie jene anscheinend heidnisch-germanischen Züge in Bruder Klausens Visionen wohl zu beurteilen seien. Denn anzunehmen, daß es sich hier einfach um noch überlebende Reste des vorchristlichen Heidentums einerseits oder um eine Regression ins Heidnische andererseits handle, scheint mir nicht überzeugend. Der ganze Kontext der Visionen spricht dagegen, wie z. B. das Motiv, daß die drei göttlichen Besucher Klaus die *Kreuztragung* auferlegen; daß zwar in einer Vision der «Geist der Wahrheit» als Bärenhäuter erscheint, in der nächsten aber Klaus in die *christliche* Himmelswelt einführt usw. Eine Erklärung liegt daher vielleicht eher in Tatsachen, auf die mich JUNG aufmerksam machte: daß nämlich das Gottesbild Wotans zwei Züge besitzt, welche Jahwe fehlen: *eine intensive Beziehung zur kosmischen Natur* und *die Kunst des Loswerfens und der Runenkunde,* deren Herr Wotan ist – d. h. *die Ausrichtung auf das Synchronizitätsprinzip*[59]. Diese zwei Züge fehlen der Gestalt Jahwes fast ganz und sind offenbar doch Teile eines ganzheitlichen Gottesbildes, welches nicht nur das Dunkle, Böse, sondern auch die kosmische Natur und ihre Sinnoffenbarungen in synchronistischen Ereignissen zu umfassen scheint. Nur in ihrer Berücksichtigung ist nämlich eine individuelle Begegnung mit dem Göttlichen «hic et nunc» möglich, bei welcher auch der *genius loci* und *die umgebende Natur sinnvoll in die psychische Sphäre des Individuums mit einbezogen*

---

[58] Vgl. C. G. JUNG, «Zur Psychologie der Übertragung», in: «Praxis der Psychotherapie», l. c., p. 246–249.
[59] Wohl ist Jahwe auch im Feuer des Dornbusches anwesend, wohl leitet er die himmlischen Heerscharen der Sterne und «läßt regnen» auf Gerechte und Ungerechte, aber verglichen mit den übrigen mediterranen vorchristlichen Religionen spielt die Naturbeziehung Jahwes eine viel geringere Rolle. Wie mich Dr. SIEGMUND HURWITZ aufmerksam machte, spielten zwar Orakel zur Erforschung des Gotteswillens im Judentum eine Rolle, doch ist auch dieser Zug eher latent und nicht dominierend.

sind und ihm alles als den «*einen* Kosmos» erscheinen lassen[60]. Dies bedeutet jedoch psychologisch eine *ungeheure Werterhöhung des Sinnes, der im Leben des Individuums liegt* – eine Zunahme an Bedeutung des einzelnen, die ihn bis an die Grenze einer Deifikation bringt und seinem bewußten Verstehen und ethischen Handeln größtes Gewicht verleiht.

Die Naturbeziehung in Bruder Klausens Leben, welche durch die einbrechenden archetypischen Inhalte konstelliert wurde, bewirkt, daß er nicht nur den Typus des christlichen Heiligen abbildet, sondern daß er auch zugleich das alte Urbild des primitiven Medizinmannes, des nordischen Schamanen und des Propheten wieder verkörpert. Es ist, als ob ein urtümliches «pattern» des Individuationsprozesses auf höherer Stufe wiederkehre, um sich mit der geistigen Entwicklung des Christentums zu versöhnen und dabei letzteres zugleich in eine neue Naturdimension auszuweiten. Damit zeichnen Bruder Klausens innere Erlebnisse und sein einsamer Versuch, diese zu realisieren, den Individuationsprozeß manches modernen Menschen vor. Seine Visionen aber offenbaren in eindrucksvoller Klarheit gewisse Grundtendenzen des kollektiven Unbewußten, welche das christliche religiöse Symbol weiterzuentwickeln streben. Sie wirken daher wie Orientierungspunkte, die uns angeben, wo wir stehen und wohin die unbewußte Psyche uns hinbringen will: nämlich zu tieferer Realisierung des Gegensatzproblems und dadurch zu größerer Gottesnähe und Gottesfurcht.

---

[60] Vgl. das von JUNG über den *unus mundus* Gesagte in «Mysterium Coniunctionis», l. c., Bd. 2, letztes Kapitel.

ANHANG

AUTOREN- UND TEXTREGISTER

Alanus de Insulis 123
Albert der Große 19
Allendy, R. 124
Am Grund, Heiny 15, 16, 20, 30, 41, 102
Angelus Silesius 119
Apuleius 11
Artemidor 43
Artis Auriferae quam Chemiam vocant (1610) 75, 76
Augustinus 123
Aurora Consurgens 23, 76

Basilius 94
Bernardus Trevisanus 46
Berthelot, M. 76
Bibel, Altes Testament:
  Genes. XI, 4. 27
  2. Mose XXXIV, 30. 115
  Jes. XXVIII, 12. 61
  Jeremias I, 5. 17
  Thren. III, 10. 61
  Prov. VIII, 22. 107
  Prov. XVIII, 10. 27
  Prov. XXVIII, 15. 61
  Psalm 61, 4. 27
  Hos. XIII, 7/8. 61
  Hohes Lied II, 1. 35
Bibel, Neues Testament:
  Luk. I, 41. 18
  Luk. XIV, 26 u. 33. 27
  Joh. 8, 12. 18
  II. Tim. IV. 61

Phil. II. 15. 18
Apokalypse 108
Apokal. I, 13. 116
Apokal. I, 16. 126
Apokal. II, 17. 61
Apokal. III, 8. 75
Blanke, F. 7, 16, 17, 20, 23, 24, 27, 28, 32, 34, 41, 42, 59, 90, 102, 103, 107, 115
Boehme, J. 118, 119, 126
Bolte, J. 25
Bonstetten, Albrecht von 56, 115
Bovillus, K. 56, 115, 116, 117
Brandstetter, R. 42, 64, 65, 73, 74, 77, 79
Brhadanyaka Upanishad 87
Bühlmann, J. 98, 99, 103

Calid 76
Ch'uang-tse 88
Collection des anciens alchimistes grecs 76
Constitutio Apostolica: Munificentissimus Deus... 107, 108
Cysat, R. 37, 66, 77, 79

Davids Rhys 125
Declaratio Solemnis 106
Dieterich, A. 19, 87
Durrer, R. 13ff., 67, 74, 90, 117
Dyrenkova, N. P. 62

Edda, min. 66
Eichhorn, J.J. 74, 119
Eliade, M. 8, 40, 45, 47, 49, 54, 61, 74, 75

Eliasapokalypse 23
Ephraem Syrus 94

Federer, H. 27, 101
Findeisen, H. 62
von Franz, M.-L. 24
Frischknecht, M. 122
Frobenius, L. 23

Goethe, J. W. 78, 87
Goldschmidt, G. 77
Gregor von Nyssa 94
Grimm, Jakob 78
Grimm-Märchen 25, 39
Grund s. Am Grund
Gundolfingen, H. v. 117

Hallowell, A. J. 62
Handwörterbuch des deutschen Aberglaubens 62
Hauer, I. W. 87
Heidel, A. 50
Heiny am Grund s. Am Grund
Heliodori Carmina 77
Hentze, C. 61
Hermas 27
Herrmann, P. 21, 56, 63, 66, 67, 74, 75, 86
Hirt des Hermas 27
Hohenheim, Th. v. s. Paracelsus

Jacobsohn, H. 19
Johannesakten 52
Journet, Ch. 15, 28, 43, 53, 57, 90, 94, 102
Jung, C. G. 7, 8, 10, 11, 17–24, 27, 28, 31, 33, 35, 36, 38, 39, 43, 45–48, 50, 51, 54, 57, 58, 60, 62, 64, 68, 73, 74, 76, 80, 86–89, 93–99, 106–119, 122–124, 126–130
Jung, E. 36

Kalid s. Calid
Kirchenbuch von Sachseln 14, 26, 30, 32, 119
Kirfel, W. 60
Kluger-Schärf, R. 39, 50

Lavaud, M.-B. 7, 17, 27, 43, 61, 76, 78, 116, 125
Leibniz, G. W. 89

van der Leyen, F. (Märchen der Weltliteratur) 18
Lütolf, A. 36, 38, 64, 65, 73, 79, 82

Mâle, E. 94
Mangetus, J. J. 46
Märchen der Weltliteratur s. van der Leyen, F. Bolte-Polivka, Grimm
Méautis, G. 28
Menzel, W. 73, 74
Missale 113
Mojonnier, A. 43
Moret, A. 51
Myconius, Fr. 56
Mylius, J. D. 23

Nielsen, D. 60
Nietzsche, F. 127
Nikolaus von Cusa 98, 118
Ninck, M. 35, 37, 38, 42, 43, 60, 63–66, 72, 73, 75–80, 83–86, 126, 127
Numagen, P. 54

Oehl, W. 102, 123
Offenbarung s. Bibel, Apokalypse
Onians, R. B. 48
Origenes 93

Paracelsus (Th. v. Hohenheim) 86
Pauli, W. 74, 88
Pfeiffer, F. 36
Pius XII. 106, 107
Poimandres 80
Polivka, G. 25

Rahner, H. 93, 94
Reitzenstein, R. 97
Renner, L. 31
Rhys s. Davids
Ringger, P. 36
Robert-Tornow, W. 86
Rosarium philosophorum 75
Ruska, J. s. Turba
Ruysbroeck, J. v. 102

Salat, H. 44, 47
Sarasin, P. 60
Saxo Grammaticus 22, 72
Seuse, H. 98, 102, 103, 123, 125

Shih-shuang 48
Silesius s. Angelus
Simpson, R.D. 47
Snorri Sturluson 73, 77, 78, 80
Speculum humanae salvationis 122
Spencer, B. u. Gillen, F. 21
Spiegel menschlicher Behältnis 122
Stoeckli, A. 16, 26, 44, 53, 59, 70, 71, 72,
    81, 82, 91–93, 96, 103, 105, 107, 116, 117,
    119, 121–124
Stucken, F. 19
Suso s. Seuse
Suzuki, D.T. 46, 48

Tabula Smaragdina 39
Tacitus 37, 66
Tauler, J. 93, 105
Tonnelat, E. 65

Trittenheim, J. de 90
Turba philosophorum 45

Upanishad s. Brhadanyaka-Upanishad

Vandryes, J. 65
Vetter, F. 105

Waldheim, H. von 55, 56
Weinhandl, F. 122
Wilhelm, R. 74
Witwyler, U. 117
Wölfflin, H. 16, 26, 30, 34, 47, 53, 55, 59,
    72, 96, 115–117
Wunderlich, E. 43
Wyss, K. 86, 87

Zosimos von Panopolis 50–52, **94**

NAMEN- UND SACHREGISTER

Abbruch 29, 58, 101, 103
Absconditus (Deus) 128f.
Adel 31
Adeliger s. auch Edelmann 77
Aggressivität 58
Ägypten 19, 23, 43
Ahasver 73
Ahnengeister 54
Ahnensäule 22
Ahnenseele 22
Albanus 82
Albedo 95, 111
Alchemie 20, 23, 94, 111
Alchemisten 20, 50, 75, 76, 96, 108, 111
Alfred der Große 35
Alleluja 70, 76
Allwissenheit s. auch Wissen, absolutes 114
Alter 126
alter Mann 16, 24; 25, 72, 126
Amphiaraos 11
An der Halden, Erni 26
Anfechtung s. Versuchung
Angst 71
Anima 36, 39, 84, 109
Animus 27
Anthropos 23, 68, 69, 87, 100, 111
Anthroposbild 68, 69
antiquus dierum 25
Antlitz 82, 83, 115ff., 126
Apfelbaum 107, 113
Aphrodite 124
Arché 46

archetypisches Bild 118
archetypische Dimension 12
archetypische Gestalt 8
archetypische Grundlage 17
archetypische Idee 15, 18
archetypische Inhalte 32, 130
archetypische Motive 22
archetypische Motivverwandtschaft 22
archetypisches Schicksal 18
Archetypus 25, 33, 47, 89
Artemis 62
Asklepios 9, 10, 11
Assimilation 122
Assimilationsprozeß 117
Assuerus 105, 106
Assumptio Mariae 106ff., 113
Auferstandene 19
Auge(n) 71, 73, 77, 78, 127
Ausland 38, 41, 44, 46

Ba 19
Babylon 97
Bär 60ff., 69
Bären (Sieg-) 65
Bärenfell s. auch Bärenhaut u. Berserker 31
Bärenhaut 81, 84, 89
Bärenhäuter s. auch Berserker 83, 129
Bärenklaue 59, 60
Basuto-Sage 23
Bauch 41, 47ff., 116, 127
Bauer 41, 46, 47
Baum 23, 107, 113

137

Bautar-Steine 21
Berg 50, 78 ff.
Berserker 83, 84, 88, 89, 108, 126, 128
Berserker(gang) 83
Berufung 54
Besessene 84
Besessenheit 69
Bewußtsein 93, 128
Bewußtseinsausweitung 52
Bewußtseinsfunktionen 57
Bewußtwerdung 51, 57, 62
Beziehung 129
blau 71, 73, 77
Blitz 49
Blut 45, 87, 94, 105
Böse, das 129
Brahman 87
Bramegk 42
Bruder Christi 108 ff., 112
Bruder der Mutter 27, 54
Brunnen 91 ff., 98, 99, 101
Brunnenpalast 72, 92

Cache 22
Chrisma s. Öl
Christifikation 67
Christophorusmotiv 50
Christus 19, 20, 31, 62, 68, 69, 78, 82, 89, 93, 94, 104 ff., 108 ff.
Christusbild 34
Christus, innerer 20
Christi, analogia 24
Christi imitatio 68, 108, 111
Christi Leib 93
Christi Leiden 102, 103
Christi Nachfolge 27, 68
Churinga 21
Coniunctio s. auch Hochzeit 110

Daimon 11, 48, 127
Dänemark 21
Defensivmechanismen 27
Deifikation s. Gottwerdung
Depression 28, 32, 102
Depressionszustände 29
Dichtermet 86
Dionysos 80, 86
Diskrimination 51
Dissoziation 45

Dogma 107, 112, 118
Donar s. auch Thor 35, 60, 66
Drache 51, 127
Drei 59, 62, 63, 67, 76, 77, 96, 120 ff., 124
drei (Personen) 72, 108
drei (Worte) 70, 76
Dreifaltigkeit s. auch Trinität 60, 121
Dreiglied 64
Dreizahl 96

Eckhart, Meister 112
Edelleute 31
Edelmann 30 ff., 73, 84
Edelsteine 22
Eigennutz 71, 79, 80, 90, 99
einäugig 77
Einfall 48, 123
Einherjer 65
Einsiedeln 43, 55
Einsiedler 29
Einsiedlerklause 53
Einweihung s. Initiation
Eiweißmoleküle 37
Ekstase 74, 76, 80, 84, 86, 90
Ektoplasma 36
ellend s. Ausland
Elsaß 42
Embryo 17
Emmerich, Katharina 17
Emotion 43 ff.
Emotionalität 80
Empfängnis, unbefleckte 107, 120
Enantiodromie 38
Engel 15
Enkidu 50
Entlebucher 42
Entrückung 72 ff., 84
Epidauros 9
Erleuchtung 46, 48, 49, 51, 78, 89
Erlösung 111
Eros s. Liebe und Minne
Esther 105
Eyck, J. van 94

Fahne 59, 60, 66, 69
Fähnrich 14, 28
Fasten 26, 36, 37, 53, 56
Faustsage 38
Feder 70, 76

Fels s. auch Stein 93, 94
Feuer 43 ff., 50, 79
Feuerball 49
Feuerflammen 71
Firmung 23
Flammen 44
Flöte 78
Flüe s. Fels 19
Flüe, Hans von 30, 53
Flüe, Heinrich von 14
Flüe, Peter von 53
Flüe, Welti von 32
Fracmont s. Pilatus
Frau 104
Frau, weiße 35
Freckmünd s. Pilatus
Frevel 31
Frey 64, 86
Frieden 109, 111
Funktion, inferiore 97
Fürsprech s. Paraklet
Fürst s. auch Adliger 84

Gabe 70, 71
Ganzheit 10, 11, 15, 46, 52, 62, 68, 100, 108, 113, 128
Ganzheitssymbol 57, 96, 128
Gast 72
Gebet 26, 55, 90
Gefäß 81, 86, 94, 95, 96, 108, 112, 113
Gegensätze 97, 109 ff., 118
Gegensatzproblem 130
Geheimnis 85
Geist 20, 45, 91
Geist, Hl. s. auch Pneuma 23, 24, 68, 80, 93, 104ff., 112, 117, 119, 121
Geister 8, 54, 95
Geisterhafte, das 38
Geisterritt 39, 40, 43
Geist im Stein 23
Geist, roter 45, 58
Gemeinde 91
Gemse 20
genius loci 57, 129
Germanen 37, 67, 69, 77
germanische Gottheit 127 ff.
germanische Mythologie 39
germanische Vorstellungswelt 8
germanischer Kulturbereich 21

germanischer Vorstellungsbereich 35, 37
Gesang 70, 72, 75
Gesicht s. Antlitz
Gestaltwechsel 80, 83, 84
Gier 38
Gilgamesch 50
Glanz 41, 47, 48, 81, 85, 91, 116
Glut s. Feuer
Gnosis 97
Goldfarbe 81
Gott s. auch absconditus 25, 29, 32, 33, 39, 48, 52, 60, 61, 63, 104 ff., 108, 110 ff., 116, 120, 121, 123, 126 ff.
Gott des Makrokosmos 20
Gottesbild 61, 126, 128, 129
Gottesfreunde 42, 123
Gottesfurcht 126, 130
Gottesgesicht, schreckliches 114 ff.
Gottesmutter s. Maria
Gottessymbol 27
Gottesvision 46, 56, 100 ff.
Gottheit 72
Gottwerdung 112, 130
Grab 21
Gräberkult 11
Grabgenius 9
Grimm s. Zorn

ham(r) (hamel) 84
Hattinger, Mathias 27
Haut 84
Heidentum 110, 129, 130
Heiland 22, 23
Heilbringer 18, 22, 108, 111
Heilige, der 9, 54, 68, 100, 119, 130
Heiligenverehrung 9
Heiligsprechung 9, 12
Heilung 51
Heimatgefühl 47
Heimkehr 49, 54, 57
Hellsichtigkeit s. auch Medium 71, 75, 76, 78, 79, 101
Hengist 37
Hera 32
Herdstein 22
Herkules 19
Hermes s. auch Mercurius und Thot 80
Heroengrab 9 ff.
Heroenkult 9, 12

Herz 71, 115
Hierosgamos s. Hochzeit
Hiltisrieden 36
Hitze 45
Hochzeit 110, 113, 114
Honig 81, 86, 87, 91
Hönir 63
Hopi s. Indianer
Horsa 37
Hostie 120
Hropt 78
Hroßharsgrani 37
Hugin (und Munin) 64
Hülle 84
Hund 37, 64
Hut 70ff., 77, 79, 81

Ich 50, 51, 89, 99, 100, 111, 128
Ichhaftigkeit 80
ignis s. Feuer
Imagination, aktive 74
imitatio Christi s. Christi imitatio
Indianer 22, 23
Indianer (Hopi) 47
indianischer Mythos 22
Individualität 19
Individuation 19, 24, 48, 52, 109, 112
Individuationsprozeß 11, 27, 28, 50, 51, 95, 109, 110, 128, 130
Individuum 130
Initiation 49, 51
Initiationsriten 39, 47, 49, 50
Inkarnation 11, 52, 108, 110, 112, 113
Insichgekehrtheit 48
Instinkt 47, 58, 80, 128
Instinktgrundlage 77
Integration 109
Introversion 125
introvertiert 26
Island 21

Jagd, wilde 79
Jäger, wilder 37, 73, 127
Jahwe 61, 118, 129
Jak 37
Jenseits 47
Jesus s. Christus
Johannes der Täufer 18
Jon 51

Joun-mutef 51
Jungfrau 120

Kabbala 25
Kasten 92
Kerker 28
Kerns 14, 16
Kerzen 53, 57
Kind (göttliches) 120
Kinderseelen 20, 21
Kindersteine 20, 21
Klisterli 42
Knabe 112
Koan 46
Kodran 21
Kollektivkatastrophe 100
Kollektivmensch 99, 100
Kollektivorganisationen 99
Kompensation 128
Konflikt 29, 58
Königin des Himmels und der Erde 107
Königsgräber, tibetanische 47
Königswürde 35
Kontemplation 55, 90
Körper 38, 39
Kosmos 74, 130
Kreis 10, 11, 25, 119ff.
Kreisform 21
Kreuz 27, 59, 62, 67, 68, 103, 105, 108, 116, 117
Kreuztragung 62, 68, 129
Kriegsmann 42, 77
Krone 116
Kronos 80
Küche 91
Kuß 105

Lachen 59, 63
Laienbewegungen 14
Landammann 28
Lanze 49
Lapis 20, 23, 24, 76, 95, 101, 111
Lappen 21
Lar 11
Larva 11
Lebensmitte 28
leiden 51, 52, 62, 91, 99, 101ff., 112
Leidenschaftlichkeit s. Emotion
Libido 38

Licht 48, 49, 85, 115, 116
Lichter (vier) 53, 57
Lichterlebnis 53, 128
Lichtschein 57
Liebe s. auch Minne 80, 81, 85, 87, 88, 105, 120
Liestal 41 ff., 46, 53, 54, 57, 87
Lilie 34 ff., 60
links 93
Lodur 63
Logos 124
Loki 63
Loswerfen s. Orakel
Löwe 61
Lütt, sälige 74

Macht, weltliche 45
Maleas 9
Mana 8, 21, 24, 44, 85
Mana-Persönlichkeit 8
Mandala 10, 118, 119, 122 ff.
Mann s. alter Mann
Mannweiblichkeit 106
Mantel 71 ff., 77
Märchen 25, 39
Maria 27, 33, 35, 78, 104 ff., 120
Maria Magdalena 56
Marignano 58
Märtyrer 9, 12
Massenphänomen 128
Materie 20, 24
Mathilde von Toscana 35
Medium 40
Meditation 90, 102 ff.
Medizinmann 8, 40, 43, 45, 47, 49, 54, 73, 130
Meer 97
Melchaa 54
Melche 32
Melchtal 30, 42
Mennig 43
Menschensohn 33, 35
Menschwerdung s. Inkarnation
Mephisto 38
Mercurius 19, 20, 23, 45, 51, 80, 110
Messer 41, 48, 127
Meteorstein 49
Milch 86
Mimir 78

Minne s. auch Liebe 80, 85 ff., 89, 126
Minnebecher 86
Mithras 20
Mittelpunkt s. Zentrum
Mönch s. Predigermönch
Morgenstern 19
Moses 115
Mösli 31, 55
Musik 70 ff., 74, 78
Mutter 27
Mutter Gottes 62
Mutterleib 16 ff., 23, 48
Mütterliche, das 38
Mysterien 97, 119
Mystik 111, 112
Mystiker 7, 12, 88, 94, 98, 101, 105, 111
Mythenmotiv 19
Mythos, Mythen 18, 22, 32

Nachfolge Christi 27, 68
Nachgeburt 84
Nacht 116
Natur 113, 129
Naturbeziehung 129, 130
Naturentfremdung 128
Nebel s. Wolke
Nixen 35
Njörd 86
Norden 33
Nous 80, 95
Nürnberg 28

Objektstufe 44
Odin s. Wotan
Öl 16 ff., 23 ff., 45, 91, 96
Opfer 86
opus 111
Orakel 129
Orestes 21
Orient 78
Osiris 11, 19
Ostara 35
Osten 78

Panazee 23
Panikzustände 38
Paraklet s. auch Hl. Geist 104, 106, 108, 112
parapsychologische Phänomene 36, 37
participation mystique 27

Passion 52
Passion Christi 52
Passionsgeschichte 102, 103
Pate 25, 39
Pelops 10
Peraten 97
Perseus 19
Persönlichkeit 28
Persönlichkeitszentrum s. Zentrum
Pfennig 70, 71, 93, 99, 100
Pferd s. auch Schimmel 25, 31, 34, 35, 37 ff., 60
Pferd, Mutterbedeutung des 38, 39
Pflanze 35 ff.
Pilatus 37, 63, 71, 78, 79, 82, 83
Pilger 70, 78, 79, 83, 84, 86, 89, 99, 107, 121
Pilgertraktat 117 ff., 121, 122
Pluto 80
Pneuma 80
Poimandres 80
Predigermönch 15, 29
Priester 47, 50, 51, 56, 66, 67, 104
Priesteramt 66
Priester-Arzt 8, 12
Priestertum 15
Priesterweihe 23
principium individuationis s. Individuation
Projektion 95
Prophet 130
Psychotherapeut 8
Pubertät 28
puruṣa 87

Qual 51, 62, 95
Quaternio 108 ff.
Quell s. auch Brunnen 92, 99
Quinta Essentia 110

Rad 117 ff., 121 ff.
Radbild (Symbol) 116 ff., 120, 122
Ranft 41, 42, 48, 57, 58, 100, 103, 117
Ranftkapelle 117, 121
rechts 93
Réduit 57
Regression 129
Reise 73, 74
Reisläufertum 14
Reiter 30, 31
Reliquien 9

Renaissance 99
Retter s. Heiland
Riesen 75
Rorer, Erni 41, 42, 53
Roß 64
roßgestaltiger Dämon 83
rot s. auch Rubedo 41 ff., 87, 88, 105, 111
Rottmeister 28
Rubedo 111
Rune 85
Runen 78, 79
Runenkunde 129

Sachseln 14, 64, 128
Saitenspiel 73
Sakrament 15, 94
Salz 75
Sapientia Dei 25, 107, 110, 113, 114, 120, 125
Sartori 46
Saxnot 63
Schalenaltar 51, 94, 95
Schamane 40, 45, 47, 49, 61, 73, 74, 130
Schamanin 75
Schamanismus 8, 12, 49, 67
Schatten 44, 45, 54, 55, 57, 58, 84, 97, 112
Schattenproblematik 57, 58
Schatz 76
Schein s. Glanz
Schicksal, archetypisches 19
Schimmel 25, 39
Schloß (Gebäude) 25
Schloß (Verschließung) 70, 75
Schlüssel 25, 75
Schmiede 45
Schock 122, 125
Schrecken 115, 126, 127
Schreckensmaske 127
Schutzgeist 21, 49, 75, 84
Schutzgeisttiere 61
Schweißtuch 82, 84
Schwert s. auch Waffe 51, 81, 85, 116 ff., 127
Sechs 124 f.
Seele 93 ff., 105
Seele als Stern 18, 19
Seele des Steins 24
Seelenblume 36, 39, 40
Seelen, die guten 65

142

Seeleninneres 95, 96
Seid 75
Seife 75
Seil 47
Selbst 10, 11, 15, 20, 23, 24, 28, 32, 48, 50ff.,
    57, 68, 69, 87, 89, 96, 98, 108, 109, 111,
    128, 129
Selbst, Bewußtwerdung des 57
Selbsterkenntnis 51
Sempach 36
Sempacherkrieg 13
Seth 43
Shakti 106
Shiva 106
simplex (res) 46
simplicissimus (homo) 46
Sinn 24, 130
sinngemäße Koinzidenz 88
Sinnverbindung 47
Sinnzusammenhang 75
Sleipnir 39
Sohn 104, 105
Sonnenaufgang s. auch Orient 70, 86
Sonnenheld 50
Sonnenrad s. Mandala
Sophia s. Sapientia
Spiegel 117, 121
Stab s. auch Zepter 70
Stans 100
Stein 16ff., 23, 24, 28, 39, 50, 61, 76, 77,
    108, 110
Stein der Weisen s. auch lapis 75
Steinbock 20
Steinchen 49
Steingeburt 20
Steinsymbolik 20ff..
Stern 16, 18, 19, 22ff., 48, 50, 57, 108,
    116
Stern von Bethlehem 18
Sternenweib 107, 109
Stiege (und Stufen) 91, 92, 96, 98, 109
Stigmatisation 111
Stimme 70
Stufen s. Stiege
Stunden, kanonische 102, 103
Subjektstufe 44
Sünde 71, 97
Symbol 20, 24, 27, 39, 52, 60, 69, 96, 98,
    109, 122, 124, 128, 130

Symbole des Selbst 68, 69, 98, 111
Synchronizität 88, 89, 129
Synchronizitätsphänomene 24, 75

Tabernakel 91, 109
Tagsatzung 100
Tantrismus 106
Tanzlaubenhund 64
Tao 88
Taube 107
Taufe 16ff., 24
Taufwasser 95, 97
Tellen, drei 63, 64
Temenos 28
Ternatius s. Drei
Teufel 30ff., 59, 62, 73, 107
Thalwil 8
Thor s. auch Donar 63, 64, 86
Thot 51
Thurgau 14
Thurse 63, 64
Tiberius 82
Tier 83
Tierkraft 89
Tiernatur 62
Tiersymbole 66
Tius s. Tyr
Tod 43, 51
Todesroß 38
Toggenburg, Graf von 8
Totalität s. Ganzheit
Tote 11, 21, 47, 65, 86
Totem 60
Totengeister 12
Totenheer 65f.
Totenritual, ägyptisches 51
Tradition 128
Trance s. Ekstase
Transitus 23, 97
Traum 17, 44, 47, 50, 54, 126
Traumdeutung 60
Traumvision 94
Treppe s. Stiege
Trickster 63
Trinität s. auch Dreifaltigkeit 60, 68, 72, 76,
    77, 107, 109, 117, 118, 121ff.
Trog s. Brunnen
Tuch s. auch Schweißtuch und hamr 84
Turm 25ff., 28

143

Türst 37, 63, 74, 77
Türsthund 64
Tyr 63, 66

Ulrich von Memmingen 31, 55, 122
Ulrich (Pilger), s. auch Pilgertraktat 119
Unbewußte, das 80, 89, 93, 95 ff., 100, 109, 110, 112
Unbewußte, das kollektive 47, 89, 97, 119, 128, 130
Unbewußtheit 96
unio mystica 39, 106
Unrast 109
Unsterblichkeit 23, 24, 86
Unsterblichwerdung 11
unus mundus 130
Urerfahrung (Urerlebnis) 48, 116, 118, 123, 127

vardlokkur 75
Vase s. Gefäß
Venner s. Fähnrich
Vennerposten 60
Verletzung s. Verwundung und Zerstückelung
Veronika 72, 80 ff.
Verpflichtung 47
Versuchung 29, 30, 60
Verwesung 23
Verwundung 49, 50
Verwundung des Ich 50, 51
Vier s. auch Quaternio 57, 92, 96, 98, 109
vier Lichter 53
viertes 24
Völwa 75

Waffe 81, 85
Wahrheit 71, 72, 75, 78 ff., 90, 101, 126, 129
Waldbruder 27, 46, 54, 115
Walküren 43
Wanderer 31, 71, 72, 75 ff.
Wandertrieb 40

Wanderung s. Reise
Wandlung 52, 94, 95
Wasser 23, 45, 92 ff., 96 ff.
Weibliche, das 109
Wein 91
Weiser, alter 25
Weisheit, s. auch Sapientia Dei 98, 99, 107
weiß s. auch Albedo 91, 95, 104, 105
weiß-rot 105, 110, 111
Weleda 67
Weltmaterie 20
Wildburger Stele 56
Wili (und We) 64
Wiss, Dorothea 28
Wissen, absolutes 88, 89
Wohlgeruch 34
Wolke 32, 33
Wolken, blutige 43
Worte, vollkommene 70
Wotan 37, 38, 42, 51, 60, 61, 63 ff., 72 ff., 77 ff., 84, 85, 100, 126 ff., 129
Wüetisheer 37, 65, 79
Wunder 71
Wunder, posthume 9, 12

Yssner, Oswald 30, 41

Zauber 75, 79, 80
Zaun 41, 42, 93
Zeitgeschehen 100, 101
Zelt 104
Zen-Buddhismus 46, 48
Zentrum 10, 99, 120, 128
Zerstückelung 49, 50
Zerstückelungsriten 51
Zeus 21, 32
Ziu s. auch Tyr 85
Zobtenberg 63
Zorn 84
Züßler 65
Zwiefach 80, 81
Zwillinge 18, 22

Träume — Marie-Louise von Franz. Neben allgemeinen Ausführungen zur Traumdeutung und deren Bezug zum Alltagsleben behandelt die Autorin das faszinierende Thema von Träumen großer historischer Persönlichkeiten und Philosophen. Sie geht u.a. auf Traumberichte von Themistokles, Hannibal, Sokrates und Descartes ein, was nicht nur psychologisch neue Perspektiven aufzeigt, sondern auch historisch interessant ist. Wie in ihren erfolgreichen Büchern über Märchendeutung gelingt es ihr auch hier, eindrücklich ein komplexes Thema auszuleuchten.

Psyche und Materie — Marie-Louise von Franz. In zunehmendem Maße drängt sich heute die Frage auf, wie Seele und Körper im speziellen oder Psyche und Materie im allgemeinen miteinander verbunden sind. Die Autorin zeigt auf allgemeinverständliche Art und Weise an den Phänomenen des sinnvollen «Zufalls», des Zusammenfallens innerer und äußerer Ereignisse, und der Zeit, welcher Art der Zusammenhang von Psyche und Materie sein könnte.

WEITERE TITEL AUS DEM **DAIMON** *VERLAG*

Abt-Baechi, Regina
- Der Heilige und das Schwein

Fierz, Heinrich-Karl
- Die Psychologie C.G. Jungs und die Psychiatrie

von Franz, Marie-Louise
- Die Passion der Perpetua
- Psychotherapie

von Franz / Frey-Rohn / Jaffé
- Im Umkreis des Todes

Frey Rohn, Liliane
- Von Freud zu Jung
- Nietzsche – Jenseits der Werte seiner Zeit

Hillman, James
- Selbstmord und seelische Wandlung
- Die Suche nach Innen

Hurwitz, Siegmund
- Lilith, die erste Eva
- Psyche und Erlösung

Jaffé, Aniela
- Aus C.G. Jungs letzten Jahren
- Der Mythus vom Sinn
- Parapsychologie, Individuation, Nationalsozialismus
- Religiöser Wahn und schwarze Magie
- Bilder und Symbole, «Der goldne Topf»
- Mystik und Grenzen der Erkenntnis

Jenny-Kappers, Theodora
- Muttergöttin in Ephesos

Jung, C.G.
- C.G. Jung im Gespräch

Mallasz, Gitta
- Die Antwort der Engel
- Die Engel erlebt
- Weltenmorgen
- Sprung ins Unbekannte

Meier, C.A
- Der Traum als Medizin

Neumann, Erich
- Kunst und schöpferisches Unbewußtes

Reutter, Angelika
- Rapunzel – eine Märchenmeditation

Satprem
- Der kommende Atem

Shorter, Bani
- Frauen und Initiation

Westman, Heinz / Tillich, Paul
- Gestaltung der Erlösungsidee

Wolff, Toni
- Studien zu C.G. Jungs Psychologie

Daimon Verlag
Hauptstraße 85
CH-8840 Einsiedeln
Tel.: (055) 53 22 66
Fax: (055) 53 22 31